MAINZER STADTSPAZIERGÄNGE

Zahlbach – Universität – Hartenberg und die 50er Jahre in Farbe

Die Mainzer Stadtspaziergänge von Michael Bermeitinger erschienen zuerst unter dem Titel ‚Stadtspaziergänge' in der Allgemeinen Zeitung Mainz.

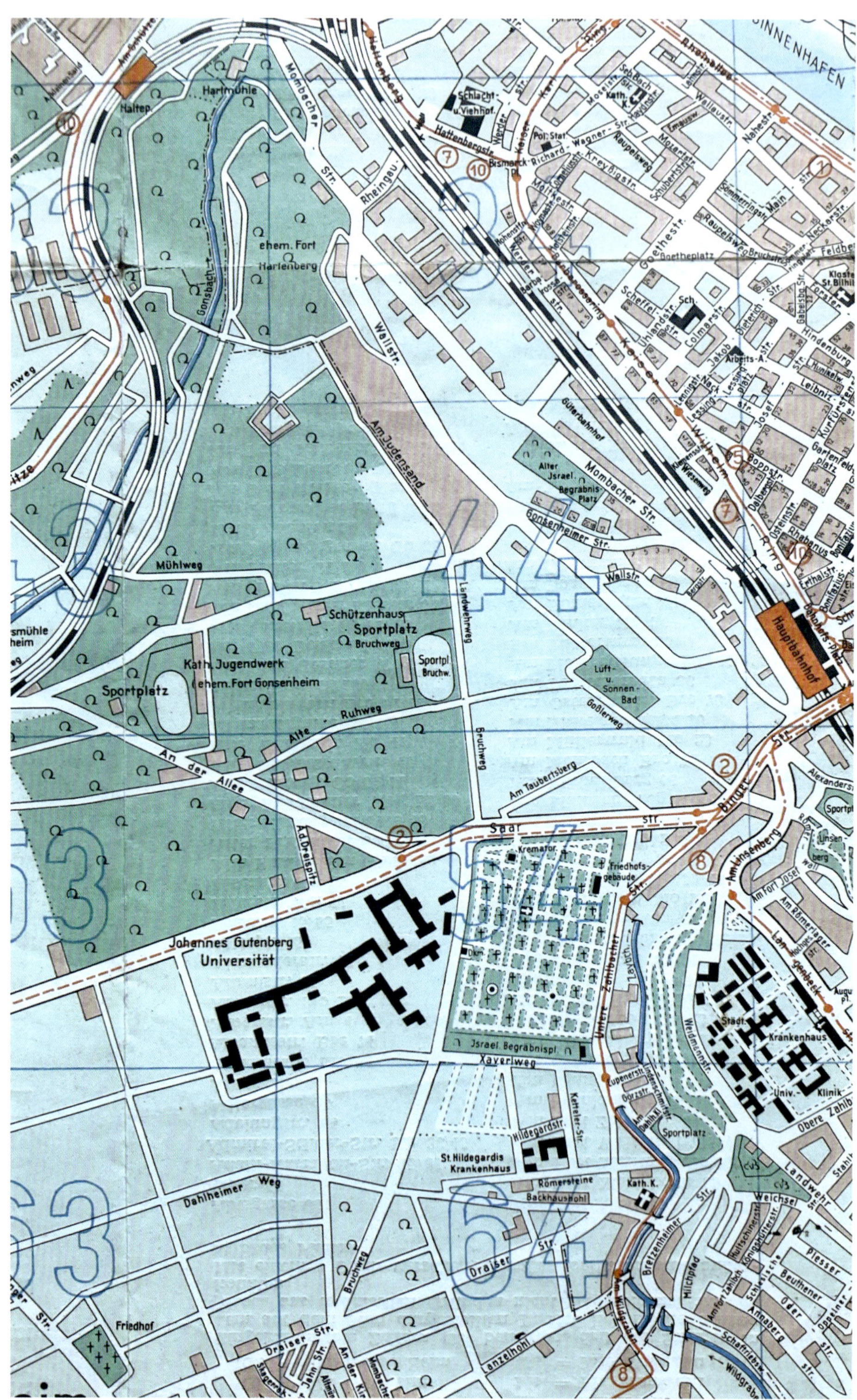

Ausschnitt des Stadtplans von 1949 mit dem Gebiet, das dieser Band behandelt: von Zahlbach (unten) über Hauptfriedhof und Uni bis zum Hartenberg mit Wall- und Mombacher Straße.

MAINZER STADTSPAZIERGÄNGE

Michael Bermeitinger

Zahlbach – Universität – Hartenberg
und die 50er Jahre in Farbe

BAND 9

EDITION-TZ.DE

Layout: Roland Eggers, EDITION-TZ.DE

Fotos:
Atelier Schmelzer, Prof. Andreas Weber: 11 (u.), AZ-Archiv: 51 (o.), 61 (2), 70 (Jörg Henkel), Auswärtiges Amt/ Politisches Archiv: 81 (l.), Sammlung Michael Bermeitinger: 6, 7, 8 (2), 9 (3), 10 (2), 11 (u.), 12, 13 (3), 14 (2), 15 (o.), 15 (u., Johann Hinkel), 16 (2), 18, 19 (3), 20 (3), 21, 22, 23 (2), 24, 25 (2), 26, 28, 29 (2), 30, 31 (2), 32 (2), 33 (2),34, 35 (3), 36 (Klaus Pippert), 37 (3, Klaus Pippert), 38 (u.l. Hans Geyl), 38 (3, Klaus Pippert), 39 (2), 40 (2), 41 (2, Klaus Pippert), 42, 43 (o.), 44 (2), 45, 46 (2), 47 (2), 49 (u.), 51 (u.), 52 (2), 53 (2), 54, 55 (4), 56 (Klaus Pippert), 57 (2), 58 (o.), 58 (u., Pfau), 59 (2), 60, 62 (Pfau), 63, 65 (u.), 66 (o.), 67, 68 (2), 69 (3), 71 (2), 72 (4), 73, 74 (o.), 76, 77 (3), 78, 79 (2), 80, 83, 84 (o.), 85 (u.), 86 (2), 87 (2), 88 (Johann Hinkel), 89 (u.), 90 (M., u.), 91, 92 (u., Klaus Pippert), 93 (o.r., M.), 94 (o.), 95 (2), 96 (2), 97 (o., Klaus Pippert), 99, 100, 101 (2), 102 (o., Schöning), 102 (u., Klaus Pippert), 103, 104, 105 (2), 107 (2), 108 (2), 109, 110 (2), 111 (o., M.), 112, 113, 114 (o.), 114 (u., Klaus Pippert), 115 (u.), 116 (2), 117 (o.l., o.r.), 119 (o.l., u.), 120 (o.), 121, 122 (2), 123, 124, 125 (2), 126 (2), 127, 128 (2), 129, 130 (3), 131, 132, 133 (5), 134, 135, 136, 138 (5), 139 (2), 140 (2), 141 (3), 142 (4), 143 (4), Sammlung Demmler: 117 (u.), Dom- und Diözesanarchiv: 81 (r.), Josef Fabry: 50 (3), Sammlung Michael Jakob: 11 (o.), 17, Sascha Kopp: 74 (u.r., u.l.), 75 (o.), 111 (u.), 118, 120, 122 (o.), 133 (o.), 144, Landesmuseum Mainz: 119 (o.r.), Archiv Mainz 05: 43 (u.), 66 (u.), Dr. Josef Oehrlein: 82, 84 (u.), 85 (o.), 89 (o.), 90 (o.), 92 (o.), 93 (o.l.), 106, Bildagentur Alfons Rath, Luftbildservice: 27, Stadtarchiv Mainz: 48 (Hans Armster), 49 (o.), 64 (Klaus Benz), 93 (u., Hans Armster), 97 (u., Hans Armster), 98 (3), 137 (2), Sammlung Wolfgang Strutz: 130 (o.l.)

Druck:
TZ Verlag & Print GmbH, Roßdorf

EDITION-TZ.DE
Tel. 0 61 54 / 8 11 25
E-Mail: service@tz-verlag.de
www.edition-tz.de

ISBN 978-3-96031-029-7

Inhalt

195 Zahlbach I 6
196 Zahlbach II 12
197 Hildegardis vor 1945 18
198 Hildegardis nach 1945 24
199 Hauptfriedhof 30
200 Farb-Spaziergang durchs Nachkriegs-Mainz 36
201 Universität I 42
202 Universität II 48
203 Universität III 56
204 Bruchwegstadion I 64
205 Bruchwegstadion II 70
206 Hartenberg I 76
207 Hartenberg II 82
208 Hartenberg III 88
209 Wallstraße I 94
210 Wallstraße II 100
211 Fritz-Kohl-Straße 106
212 Mombacher Straße I 112
213 Mombacher Straße II 118
214 Mombacher Straße III 124
215 Hochstraße 132
216 Vom Reiz alter Adressbücher 136

Der Autor 144
Literaturverzeichnis 144

Kreuzung Wildgraben, Backhaushohl (l.) und Steig 1962 mit offenem Bach und eingleisiger Straßenbahn.

195 Zahlbach I

Napoleon, Goethe und Fokker

Napoleon höchstpersönlich dekretiert die Eingemeindung, Goethe kehrt hier ein und der weltberühmte Flugzeugkonstrukteur Fokker erlernt hier sein Handwerk - es sind schon echte Hochkaräter, mit denen sich die Zahlbacher Ortsgeschichte schmücken kann. Zudem findet sich hier die erste Lack- und Schellackfabrik des Kontinents und die erste Automobilschule des Deutschen Reichs. Doch bevor das Dörfchen, das heute zur Oberstadt gehört, sich dergestalt entwickelt, macht es harte Kriegszeiten durch, in denen es komplett verwüstet wird. Da wird die geschützte Lage im Schatten von Stahl- und Linsenberg zum Fluch.

Schon die Römer siedeln hier im Tal, doch bis Zahlbach dann erstmals aus dem Dunkel der Geschichte auftaucht, dauert es bis 1190. Ein halbes Jahrhundert zuvor wird schon das Kloster Dalheim urkundlich erwähnt, das einst etwa dort liegt, wo sich heute die psychiatrische Klinik der Universitätsmedizin befindet. Errichtet wird es von Benediktinermönchen, ist dann später aber ein Zisterzienserinnen-Kloster, das hier wie im benachbarten Bretzenheim größter Grundbesitzer ist.

Das Ende des Klosters ist auch das Ende des alten Dorfs, denn bei der Belagerung des französisch besetzten Mainz durch Preußen und Verbündete anno 1793, gibt es hier am Aufstieg zum Hochplateau schwere Kämpfe. Oben drei kanonenbestückte Schanzen, von unten kommt die preußische Kavallerie - am Ende liegt alles in Trümmern, Dalheim wird abgebrochen. Das entscheidende Datum jener Zeit ist aber der 23. Mai 1805, als Zahlbach per kaiserlichem Dekret nach Mainz eingemeindet wird.

Stadtplan 1954: Zahlbach liegt langgestreckt und schmal unterhalb von Schlesischem Viertel (r. u.) und Krankenhaus. Wo unten in der Mitte die Straßenbahn nach Bretzenheim abknickt, führt einst die Dampfbahn weiter nach Hechtsheim.

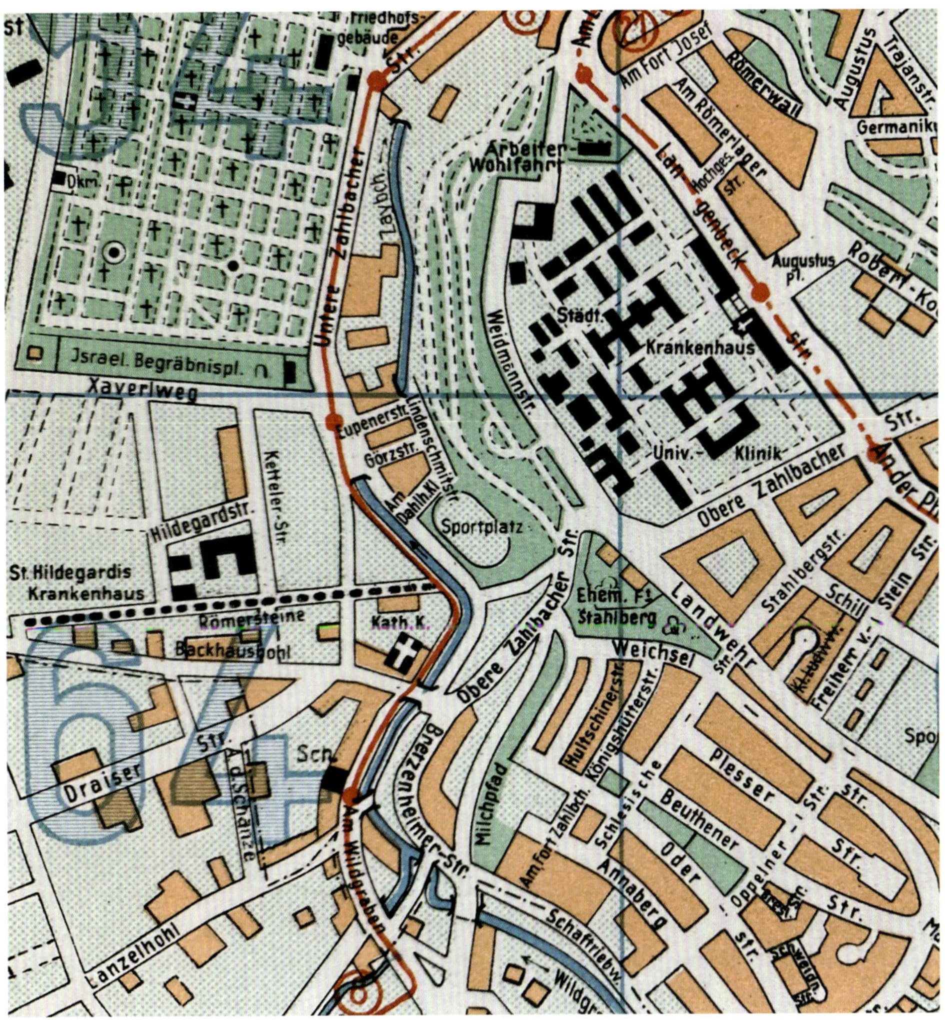

Bald darauf beginnt der Bau von St. Achatius, eine Besonderheit für die napoleonische Zeit, die in Mainz vor allem zerstörte oder missbrauchte Kirchenbauten hinterlässt, aber eben nur dieses eine neue Gotteshaus, wenigstens als Rohbau. Als St. Achatius Ende 1816 geweiht wird, sind die Franzosen schon zweieinhalb Jahre abgezogen.

Am 11. August 1815, zwei Monate nachdem das napoleonische Zeitalter auf dem Schlachtfeld von Waterloo bzw. Belle Alliance sein Ende gefunden hat, ist Johann Wolfgang von Goethe letztmals in Mainz und beehrt dabei Zahlbach mit einem Besuch. Der Geheimrat, der 22 Jahre zuvor die Beschießung von Mainz und dabei auch die oberhalb Zahlbachs gelegenen Schanzen beobachtet hat, unternimmt nun mit Stadtbibliothekar Lehne und dem Kunsthistoriker und -Sammler Boisserée eine Landpartie durchs Zahlbachtal, um im Maaß´schen Garten einzukehren.

Das Lokal liegt am südlichen Ortseingang am Beginn der Bretzenheimer Straße an der Kreuzung mit dem Milchpfad. Also etwa dort, wo heute die Kindertagesstätte liegt und einst der von Hechtsheim kommende Wildgraben in den damals noch offenen Bretzenheimer Zaybach mündet. Dort dürfte sich der Dichterfürst am Wein gelabt haben, dem er durchaus zugetan ist, auch in nicht geringer Menge. Darob fröhlich gestimmt, spöttelt er auf dem Rückweg beim Passieren der fast fertigen Kirche über den französisch geprägten Bau.

Den Maaßschen Garten gibt es noch bis Ende der 1920er, dann erwirbt ihn die Stadt Mainz und richtet dort eine Freiluftschule für Schüler

Nach fast zehn Jahren Bauzeit wird St. Achatius 1816 geweiht.

aus der Innenstadt ein. Im Tanzsaal sind die Gemeinschaftsräume, draußen wird unterrichtet, und es gibt Beete, die von den Schülern gepflegt werden.

Zahlbach gehört zwar schon im 19. Jahrhundert zu Mainz, liegt aber vor der Bundesfestung, also außerhalb der Stadt. In der geht es sehr beengt zu, weshalb manches aufstrebende Unternehmen seinen Platz vor den einengenden Mauern sucht – viele ziehen ins Gartenfeld, der späteren Neustadt, aber Carl Ludwig Marx geht nach Zahlbach.

Schon 1834 beginnt er in seinem Geschäft in der Gaugasse mit der gewerblichen Herstellung von Firnissen und Lacken, um zwanzig Jahre später mit steigendem Erfolg und wachsender Beengtheit der Fabrikation nach Zahlbach zu ziehen – zwischen Backhaushohl und Draiser Straße an der Gemarkungsgrenze zu Bretzenheim. Marx und damit Mainz ist

Der Maass'sche Garten, in dem 1815 Goethe einkehrt.

Die Automobilfachschule an der Backhaushohl, an der auch Motorbootführerscheine und Pilotenscheine erworben werden können.

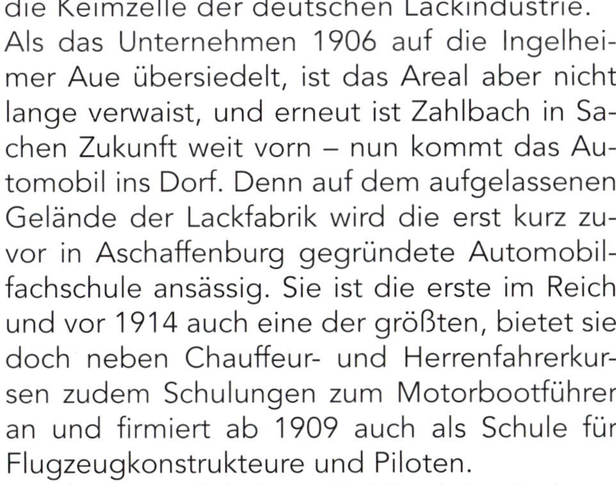

die Keimzelle der deutschen Lackindustrie.
Als das Unternehmen 1906 auf die Ingelheimer Aue übersiedelt, ist das Areal aber nicht lange verwaist, und erneut ist Zahlbach in Sachen Zukunft weit vorn – nun kommt das Automobil ins Dorf. Denn auf dem aufgelassenen Gelände der Lackfabrik wird die erst kurz zuvor in Aschaffenburg gegründete Automobilfachschule ansässig. Sie ist die erste im Reich und vor 1914 auch eine der größten, bietet sie doch neben Chauffeur- und Herrenfahrerkursen zudem Schulungen zum Motorbootführer an und firmiert ab 1909 auch als Schule für Flugzeugkonstrukteure und Piloten.
Berühmtester Schüler in Zahlbach ist Anthony Fokker, der im Ersten Weltkrieg die berühmteste deutsche Jagdmaschine konstruiert – den Fokker Dr.1-Dreidecker – mit dem der „Rote Baron" Manfred von Richthofen seine vielen Luftsiege und die Hochachtung der Gegner erkämpft.
Der Holländer Fokker, dessen Vater ein wohlhabender Kaffeeplantagen-Besitzer auf Java ist, schreibt sich im August 1910 an der Automobilfachschule für den Flugzeugbau ein. Bald beginnt er zu konstruieren, einen Eindecker, der wegen seiner vielen Drahtverspannungen bald den treffenden Beinamen „Spinne" trägt. Das Fliegen selbst erlernt er aber drüben in Wiesbaden, denn der Flugplatz der Automobilfachschule liegt in Dotzheim nahe Schloss Freudenberg. Später wechselt Fokker zum Mainzer Flugzeugkonstrukteur Jacob Goedecker auf den Großen Sand.
Lange vorm Auto hält die Eisenbahn Einzug in Zahlbach, genauer: die Dampfbahn. Seit 1883

An der Zahlbacher Steig steht einst die Brauerei Römerberg.

die Pferdebahn die Innenstadt bedient, wollen die Vororte auch angebunden werden. Dafür kommen wegen Distanz und Steigung Pferde nicht in Frage, dafür aber die Dampfbahn, eine kleinere Version der „großen" Eisenbahn. Die eine Strecke führt vom Fischtor via Große Bleiche, Binger und Saarstraße, Münchfeld und Gonsenheim nach Finthen, die zweite via Zahlbach nach Hechtsheim. Dabei fährt sie am Wildgraben entlang bis zur Alten Ziegelei und

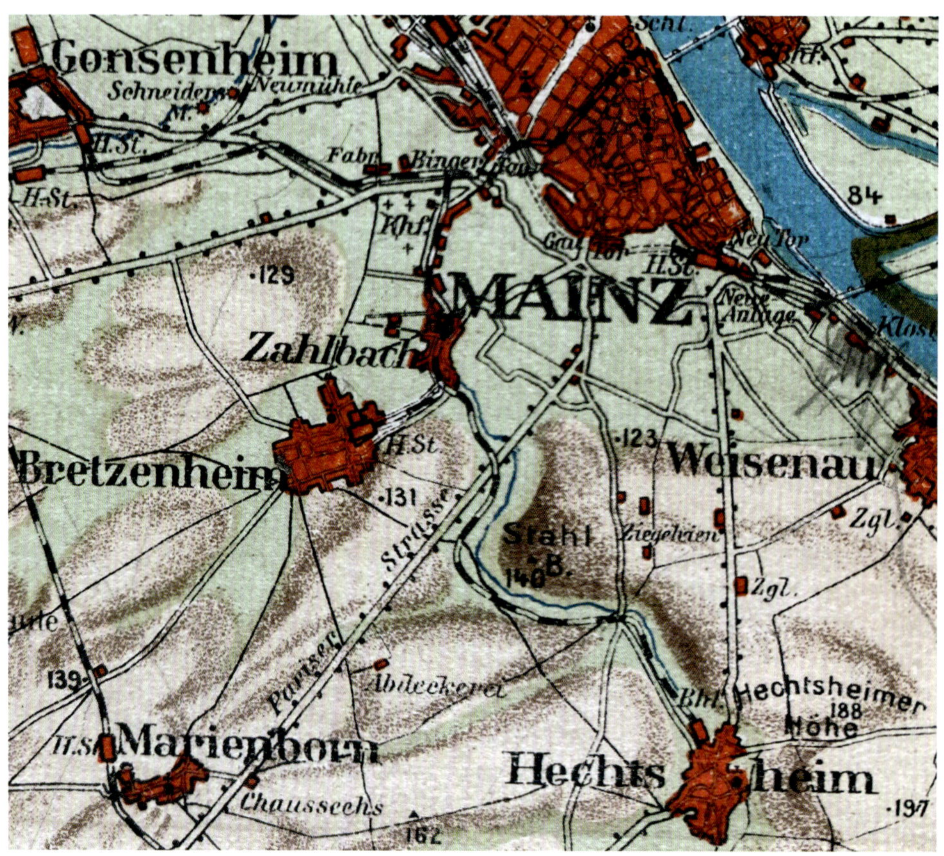

Karte von 1905. Schwarzweiß gestrichelt, ausgehend vom Binger Tor, die Dampfbahnlinien: über das Münchfeld nach Gonsenheim und über Zahlbach nach Hechtsheim mit Abzweig nach Bretzenheim.

Der Ortskern 1959: *Ein Straßenbahn-Werbewagen, der die Eröffnung des Kaufhauses Jakob am Markt verkündet, fährt über die Kreuzung Untere Zahlbacher Straße (vorn), Steig (li.), Backhaushohl (r.).*

Ansichtskarte mit Gasthaus und Römersteinen.

von da in großem Bogen zum Jägerhaus und weiter zum Schinnergraben.

Die heutige Strecke nach Bretzenheim ist damals nur ein Abzweig. Die Züge kommen von Zahlbach, fahren an der Lindenmühle nach Bretzenheim hinein bis zur heutigen Endstelle Bahnstraße. Dort setzt die Dampflok um, fährt mit dem Zug zurück und dann an der Lindenmühle nicht nach links in die Stadt wie heute die Straßenbahn, sondern nach rechts über den beschriebenen Weg Richtung Hechtsheim. Ein bisschen umständlich, aber man hat ja Zeit. Obwohl es schon seit 1904 eine elektrische Straßenbahn in Mainz gibt, bleibt es bei dieser Linienführung. Erst als die Triebwagen und deren Bremsen so stark sind, dass man sich die steile Gaustraße hoch- und vor allem auch hinunter traut, ersetzt diese Strecke ab Juni 1923 die Hechtsheimer Strecke via Zahlbach.

Die Bauern nutzen an Markttagen gern die Dampfbahn, während an den Wochenenden Ausflügler die kleine Eisenbahn bevölkern. Deshalb wirbt in Zahlbach wie auch in Gonsenheim und Finthen mancher Lokalbesitzer auf seinen Ansichtskarten mit der Aufschrift „Haltestelle der Dampfbahn". Zumindest für den vielleicht etwas beschwipsten Heimweg ist dieser Hinweis durchaus wertvoll.

Görzstiftung (l.), Zaybach und eingleisige Straßenbahn in den 20ern. Heute führt die Straße hier vierspurig entlang, in deren Mitte die Straßenbahn zweigleisig auf eigenem Bahnkörper liegt.

196 Zahlbach II

Wildgraben, Görzstiftung und Gewürzmühle

Je kleiner ein Ort, desto seltener wird er auf Ansichtskarten verewigt. Selbst aus der großen Zeit der Postkarte von 1900 bis 1960 gibt es dann oft nur ein paar Gesamtansichten oder Mehrbildkarten mit Kirche, Schule, Gasthaus, Kriegerdenkmal, eben dem, was man damals für wichtig hält. Manchmal gelingt es den Vertretern der Postkartenfirmen aber auch, einen Wirt oder einen Kaufmann zu überzeugen, Postkarten mit einem Bild des Orts und ihres Etablissements anfertigen zu lassen. Das muss auch in Zahlbach gelungen sein, denn unter den nicht allzu häufigen Karten findet sich eine mit einem solchen Doppelmotiv: Oben Blick auf Zahlbach, unten ein eher unscheinbares Häuschen, ein kleiner Laden.

Es ist das Haus Am Wildgraben 47/Ecke Backhaushohl, und in der Tat ist auf dieser Karte das Lebensmittellädchen von Georg Schönmehl verewigt. Im linken Schaufenster ein paar aufeinandergestapelte Dosen, rechts einige Werbeaufsteller, mehr Details lässt die mäßige Druckqualität nicht erkennen. Von wann die Aufnahme stammt, ist unklar, manches deutet auf die frühen 50er hin. Auf jeden Fall zeigt das Richtungsschild „Elsheim Essenheim" unter dem linken Fenster, dass die Ausfallstraße ins Rheinhessische damals durch Zahlbach und Bretzenheim führt. Zu jener Zeit ist die Straße Am Wildgraben nicht vierspurig, sondern ein Sträßchen mit Bachlauf, neben dem die „Elektrisch" gen Bretzenheim rumpelt.

Damals gibt´s noch vieles fürs tägliche Leben im Ort, wie ein Blick in die Adressbücher von 1954, 1967 und 1973 verrät. Die Bretzenheimer Straße ist da die Hauptstraße: In der

Der Goldene Becher.

Das Lebensmittellädchen von Georg Schönmehl, Am Wildgraben/Ecke Backhaushohl. Vor 1914 war hier eine Gaststätte.

Nr. 15 gibt es über Jahrzehnte Lebensmittel bei Walter Appel, in der 17 erst die Bäckerei von August Bicking, später die von Hermann Schmitt, und in der Nr. 16 findet sich die Metzgerei Janz.

Thomas Nonnenmacher, der in den 60ern in Zahlbach aufgewachsen ist, erinnert sich an den Butter-Käse-Eier-Laden Glöckle an der Ecke zur Steig und in der Backhaushohl an Tabakwaren Schreiber. „Auch einige Gaststätten gab es“, erzählt er: „Den Dalheimer Hof in der Bretzenheimer Straße, dann den Goldenen Becher am Wildgraben, ein ‚Bumsding´ wie meine Mutter sagte, dort verkehrten viele

Der Dahlheimer Hof in der Bretzenheimer Straße.

Lithographie der „Restauration zum Römerberg", gelaufen 1898.

GIs.» Alt eingesessen sei das „Gasthaus zum Römertal" in der Backhaushohl gewesen mit WC auf dem Hof, hinter einfachen, mit Herzchen versehene Lattentüren. Und es gibt einen Eissalon mit Garten.

Im Dalheimer Hof in der Bretzenheimer Straße 21 betreibt Jakob Bumm eine Zeit lang auch das Hotel Bumm, dann folgt in der 19 das Weinhaus Kreußer und das Etablissement „Zum Käsdippe". Auch da seien, so eine frühere Zahlbacherin, oft US-Soldaten gewesen und infolgedessen auch immer wieder Military Police und deutsche Polizei.

Aber das ist alles lange her. So lange wie der Charme des alten Wildgrabens, als er noch nicht unter Asphalt und Bahntrasse begraben liegt. Wobei der Charme eher optischer Natur ist, so Nonnenmacher: „Wir sprachen vom Stinkbach, weil allerlei Abwässer, auch mit Fäkalien eingeleitet wurden."

1971 beginnt man, den Bach zu kanalisieren, und fällt auch ein Dutzend Kastanien an seinem Ufer. Dadurch kann die Straße vierspurig und die Straßenbahn auf eigenem Bahnkörper zweigleisig ausgebaut werden. Der erste Abschnitt geht im Dezember 1971 zwischen dem Westausgang des Hauptfriedhofs und St. Achatius in Betrieb, der zweite bis zur Kur-

Das Café Boland in der Backhaushohl 9a.

Die Römersteine, 2000 Jahre alte Pfeiler der Wasserleitung von Drais und Finthen ins Legionslager auf dem Kästrich.

ve Lindenmühle im September 1972. Seither gehts schneller in die Stadt - aber die Romantik ist perdu.

In Richtung Stadt tauchen bald nach St. Achatius die Wahrzeichen von Zahlbach auf – die Römersteine. Vor fast 2000 Jahren als Pfeiler der Wasserleitung von Drais und Finthen ins Legionslager auf dem Kästrich errichtet, sind heute noch einige Dutzend der Gusskerne erhalten, die schönsten und höchsten davon in Zahlbach. Aber auch wenn diese Reste schon ziemlich imposant wirken, so ist das damalige Aquädukt um ein Vielfaches höher. Man muss sich nur die Höhe des gegenüberliegenden Linsenbergs anschauen, dann weiß man um die Dimension.

Reste finden sich auch am gegenüberliegenden Hang und auch auf dem Gelände der

Die Görzstiftung und das gegenüberliegende Weifert-Janz-Heim, das später abgerissen und an anderer Stelle neu gebaut wurde.

Die Moguntia-Gewürzmühle ist heute eine Wohnanlage. Einst gab es als Werbegeschenk die Platte mit der „Ballade von den verliebten Leberwürstchen", gesungen von Ernst Neger.

Unimedizin – nicht unbedingt zur Freude des Klinikums. Denn der Bau der neuen Zahnklinik verzögert sich um drei Jahre und wird entsprechend teurer, weil die Steine freigelegt und untersucht werden, um sie dann doch unter einer Betonhülle zu verbergen.

Neben den Römersteinen, oberhalb des Hildegardis-Krankenhauses, findet sich eine grüne Oase mit Geschichte – der Kleingärtnerverein Römersteine, der 1910 als erste kommunale Kleingartenanlage gegründet wird. Zunächst sind es 67 Gärten mit 14 000 Quadratmetern, und alsbald schließen sich die Pächter zusammen, zum „Schrebergarten-Verein Mainz". Bereits zwei Jahre später wird das Areal verdoppelt.

Später kommt weiteres Gelände hinzu, aber in den 60ern müssen einige Gärten für den Bau des Bettenhochhauses des Hildegardis-Krankenhauses und dann für den Ausbau von Albert-Schweitzer-Straße und Xaveriusweg geopfert werden. Entschädigt hier die Stadt noch die Kleingärtner, lässt der Umgang heute zu wünschen übrig: Denn 2020 streicht die Stadt alle Parkplätze im Xaveriusweg, insgesamt Dutzende, und stellt die Kleingärtner, die ja vieles transportieren müssen, vor riesige Probleme. Sie protestieren, sie bitten – vergeblich. Also müssen sie einen Teil des grünen Geländes opfern, um wenigstens fünf Parkplätze fürs Ein- und Ausladen zu bekommen. Sehr bitter.

Noch ein paar Jahre älter als die Kleingärten ist die „Görz-Stiftung" an der Unteren Zahlbacher Straße, eine Wohnanlage der Gemeinnützigen Wohnstätten-Genossenschaft, des einstigen Bau- und Spar-Vereins von 1896. Der wird angesichts des damaligen Wohnungselends von

Ein Reklamewagen der Straßenbahn wirbt 1959 für die Eröffnung des Kaufhauses Jakob am Markt. Er passiert den Friedhof, der Hang zum Linsenberg ist noch unbebaut, hinten rechts die Moguntia.

hochmögenden Männern, darunter Anwalt Friedrich Görz, gegründet „zur Beschaffung kleinerer, gesunder und billiger Mietwohnungen". Bis 1902 baut man in Mombacher Straße, Neckarstraße und im Barbarossaring 119 Wohnungen, bevor der in London lebende Bruder von Friedrich Görz, Adolf, dem Bau- und Sparverein 300 000 Mark vererbt, mit denen in der Unteren Zahlbacher und der Görzstraße die ersten Häuser der Siedlung gebaut werden. „Ein Fest edelster Menschenliebe und tatkräftigster Sozialpolitik", so damals OB Göttelmann.

Jede Wohnung verfügt über Küche, Balkon, Gerätekammer, Abort, Keller- und Speicherverschlag sowie ein Gärtchen, Die Zwei-Zimmer-Wohnung kostet 185,30, drei Zimmer 262,70 und vier Zimmer 345,40 Mark – im Jahr. Bis 1907 sind sieben Doppelhäuser fertig, und 1911 kommt das heute noch existierende Häuschen des bis 1982 betriebenen Kindergartens hinzu. Bis 1937 sind es elf Gebäude, die älteren in „malerischer Kleinteiligkeit", die jüngeren „in schlicht-behäbiger, heimatstiliger Form" (Denkmaltopographie Mainz, Band 2.2). Trotz Kriegsverlusten und Veränderungen zeigt sich die Görzstiftung als gutes Beispiel für den genossenschaftlichen Wohnungsbau.

Seit 70 Jahren hat dieser Teil von Zahlbach auch ein kleines Wahrzeichen - den Turm der Moguntia Gewürzmühle. 1903 gegründet, zieht das Unternehmen in den 30ern in die Untere Zahlbacher Straße auf das Gelände einer ehemaligen Schuhfabrik, wo 1952 der Mahlturm entsteht. Ein markantes, in der grünen Firmenfarbe gehaltenes Bauwerk mit fünf senkrechten, über fünf Stockwerke reichenden, in Rahmen gefassten Rasterfenstern. Stadtseitig prangt einst das Firmensignet auf dem Turm, auf dem eine schwarze Person mit wulstigen Lippen und krausem Haar einen Gewürzhändler darstellt - Symbolik anno dazumal.

Die Anlage wird 2001 stillgelegt, Mainz bleibt aber Verwaltungssitz des Familienunternehmens, das seit 2017 als Moguntia Food Group firmiert. Die Anlage wird 2006 bis auf den denkmalgeschützten Mahlturm abgerissen. Er ist nun Mittelpunkt einer Wohnanlage, strahlt wie eh und je in Moguntia-Grün.

Das 1912 eröffnete Hildegardis ist das erste Mainzer Krankenhaus vor der Stadt im Grünen.

197 Hildegardis vor 1945

Licht, Luft und sehr viel Grün

Als 2018 das Hildegardis-Krankenhaus nach 106 Jahren seine Türen schließt, ist das Bedauern groß. Bei den Mainzerinnen und Mainzern, aber auch bei vielen Bediensteten, die sich gern an den guten Geist des Hauses erinnern, die familiäre Atmosphäre, das persönliche Miteinander. So ganz anders als in großen Kliniken. Heute ist hier ein Wohnviertel, dessen Seele das historische Klinikgebäude von 1912 ist. Ähnlich übrigens, wie bei der nicht weit entfernten Anlage auf dem Gelände der alten Moguntia Gewürzmühle, wo erst der alte Mahlturm dem wenig überraschenden Ensemble das gewisse Etwas verleiht.

Das Aus für das Hildegardis-Krankenhaus bedeutet auch den Abschied von einem Stück Mainzer Geschichte. Aber nach vielen baulichen Veränderungen, zahlreichen Um- und Neubauten besitzt das Hildegardis bei seiner Schließung nur noch einen historischen Kern. Der alte Charme des Krankenhauses im Grünen ist also lange verblasst, die Geschichte des Hauses aber nicht. Ist doch die Einweihung des Hildegardis-Heims, wie es 1912 heißt, ein wichtiger Schritt für die Stadt. Denn mit der Krankenversorgung steht es in Mainz damals nicht zum Besten, und das bei der teils schwierigen gesundheitlichen Situation weiter Teile der Bevölkerung.

Auch wenn 1872 der Bau der Neustadt beginnt und damit im Laufe der Jahrzehnte neue Wohngebiete erschlossen werden, leidet Mainz auch um 1900 immer noch unter der jahrhundertelangen Einschnürung durch den Festungsgürtel. Denn das starke Bevölkerungswachstum sorgt dafür, dass die weitge-

Licht und Luft für die Kranken. Welch ein Unterschied zum St. Rochus in der engen Altstadt.

hend noch mittelalterliche Stadt aus allen Nähten platzt. Mainz zählt lange zu den dichtest besiedelten Städten im Deutschen Reich. Und die klamm-feuchte Enge der lichtlosen Gassen und Höfe hat Elendskrankheiten wie die gefürchtete Schwindsucht, die Tuberkulose, aber auch Cholera und Mangelerkrankungen zur Folge.

Gerade im Gassengewirr der heutigen südlichen Altstadt sind die Zustände schlimm, und genau dort steht damals das größte Mainzer Krankenhaus, das 1721 gegründete Rochusspital. Es wird über die Jahrhunderte immer mehr erweitert, bis fast der ganze Block zwischen Rochusstraße, Weißlilien- und Heringsbrunnengasse zu St. Rochus gehört, das Ende

Der Eingang, rechts oben in der gläsernen Kuppel befindet sich der OP-Saal. Am Empfang eine der Schwestern vom Orden der „Schul- und Krankenschwestern von der Göttlichen Vorsehung".

Der Krankensaal der Männerstation ...

... und ein Zimmer der Station Erster Klasse.

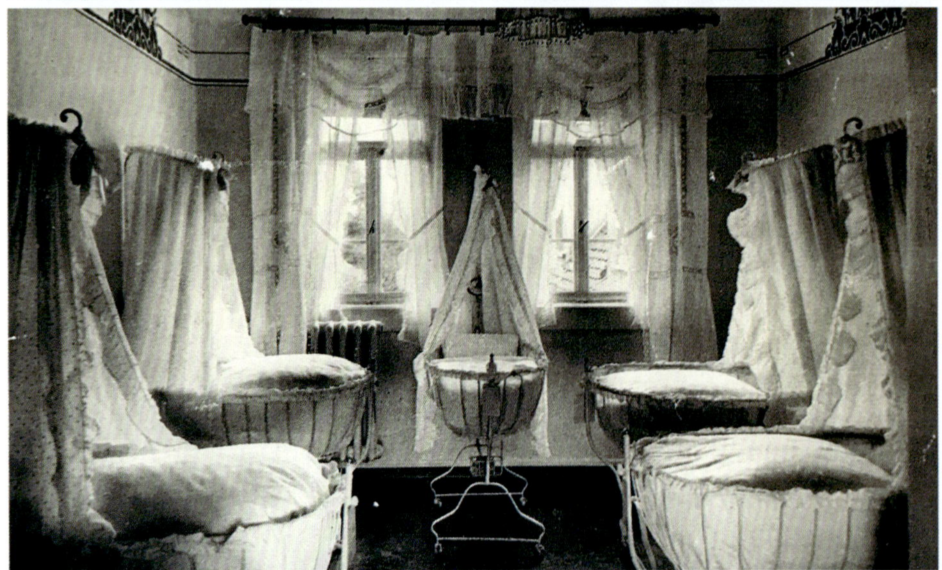

Sehr heimelig wirkt die Säuglingsstation.

Die Kinderstation hatte eine eigene Terrasse, denn Licht und Luft galten als wichtig für die Genesung.

der 1880er-Jahre 420 Betten hat. Aber der Gestank der engen Altstadt, die miese Luft, das Dunkle, Muffige, ist nicht der richtige Platz für ein Krankenhaus.

Mit Aufhebung der Festung nach 1900 plant deshalb die Stadt ein neues Krankenhaus - die heutige Universitätsmedizin -, doch dessen Eröffnung 1914 kommt das „Institut der Schul- und Krankenschwestern von der Göttlichen Vorsehung" zuvor. Der Orden will gern ein Krankenhaus bauen, das als Übungshospital für die jungen Schwestern dienen soll.

Der von Bischof Ketteler gestiftete Orden betreibt Schwesternstationen in 80 Landgemeinden in den drei hessischen Provinzen, aber auch die St. Elisabethen-Frauenklinik im Mutterhaus der Schwestern in der Stefansstraße 6 sowie das St. Marienkrankenhaus für Hals-Nasen-Ohren-Erkrankungen und Augenleiden in der Josefstraße/Ecke Wallaustraße. Die Schwestern kaufen schließlich 10354 Quadratmeter Boden an den Römersteinen, für die sie am 3. April 1911 im Stadthaus 108717 Mark bezahlen – bar, wie es heißt. Am 27. November 1912 wird nach eineinhalb Jahren Bauzeit die Klinik eröffnet, in der alle Krankheiten mit Ausnahme von Geistes- und Geschlechtskrankheiten behandelt werden.

Das neue Krankenhaus verfügt über 150 Patientenbetten in 95 Räumen und ist für damalige Verhältnisse modern ausgestattet: Gas-Zentralheizung, überall elektrische Beleuchtung, Aufzüge, Warmwasser, Signal-, Telefon- und Zentraluhrenanlage und die biologische Klärung der Abwässer, bevor sie in den Wildgraben geleitet werden.

Das Hildegardis-Heim ist nicht nur durch den Platz für 150 Patienten, sondern auch durch seine Gestaltung ein großer Fortschritt in der Krankenversorgung. Es ist ein großzügig angelegter Bau in nach Süden offener Hufeisenform, dazu ausgestattet mit modernsten Geräten. Was aber noch entscheidend hinzukommt, ist die einzigartige Lage mitten im Grünen oberhalb des Zaybachtals an den Römersteinen. Welch ein Unterschied zur Altstadt mit ihrer Enge, ihrem Lärm und den manchmal pestilenzartigen Gerüchen.

Der OP-Saal bietet den Operateuren viel Tageslicht, hat aber durch seine Nordlage keine direkte Sonneneinstrahlung.

Grüne Umgebung, große Fenster, die viel Licht in die Krankenzimmer lassen, dazu Terrassen für die Kranken – das Hildegardis entspricht damals den Anforderungen an den modernen Krankenhausbau wie generell an die Architektur. So wie Siedlerhäuser und Gartenstädte den Menschen eine der Gesundheit dienliche Umgebung bieten sollen, sieht man bei Kliniken Licht und Luft als wichtige Voraussetzung zur Genesung. Gerade bei den Elendserkrankungen. „Ein großer, schön angelegter Garten bietet den Kranken gute Gelegenheit zum Aufenthalt im Freien", schreibt ein damaliger Chefarzt.

Zwei Jahre später wird mit der Städtischen Klinik (heute Unimedizin) ein weiteres großes Krankenhaus eröffnet, das diesem neuen Stil entspricht. Es wird aber noch konsequenter in Pavillonbauweise ausgeführt, die auch Ansteckungsgefahren mindern soll. Was die damals gefährlichste Stadtkrankheit angeht, die Tuberkulose, wird am Hildegardis die räumliche Trennung auch umgesetzt. Es wird ein großes Isoliergebäude für 30 Patienten gebaut, was allein schon zeigt, wie weit die schwere Lungenkrankheit einst verbreitet ist. Auch eine Liegehalle gehört dazu.

Das Hildegardis-Hospital ist ein Belegkrankenhaus, in dem niedergelassene Ärzte eigene Betten betreiben, in denen sie ihre Patienten bei stationärer Behandlung betreuen können. Und das bleibt das Krankenhaus auch für lange Zeit. In den späten Weimarer Jahren wächst die Klinik, es werden neue Liegehallen gebaut, und die Schwestern kaufen im Umfeld neues Gelände auf. Auf Vorrat sozusagen, was sich später noch als großer Vorteil erweisen sollte.

1930 ist die Zahl der Betten auf 200 angestiegen, von denen nach Ausbruch des Zweiten Weltkriegs allerdings 130 für verwundete Wehrmachtssoldaten beschlagnahmt werden. Auch sonst wird es für den Orden, der das Krankenhaus betreibt, immer schwieriger, denn die Nazis üben Druck aus, verbieten sogar die Taufen in der Klinik, und die Wehrmacht, hängt die Kruzifixe in den Zimmern ab. Dagegen wehren sich die Schwestern aber und hängen sie wieder auf. Schließlich beugt sich der Stabsarzt

Die Aufnahmen von Röntgen- und Bestrahlungszimmer gehören wie die meisten Bilder des Kapitels zu einer Ansichtskartenserie aus der Zeit der Eröffnung.

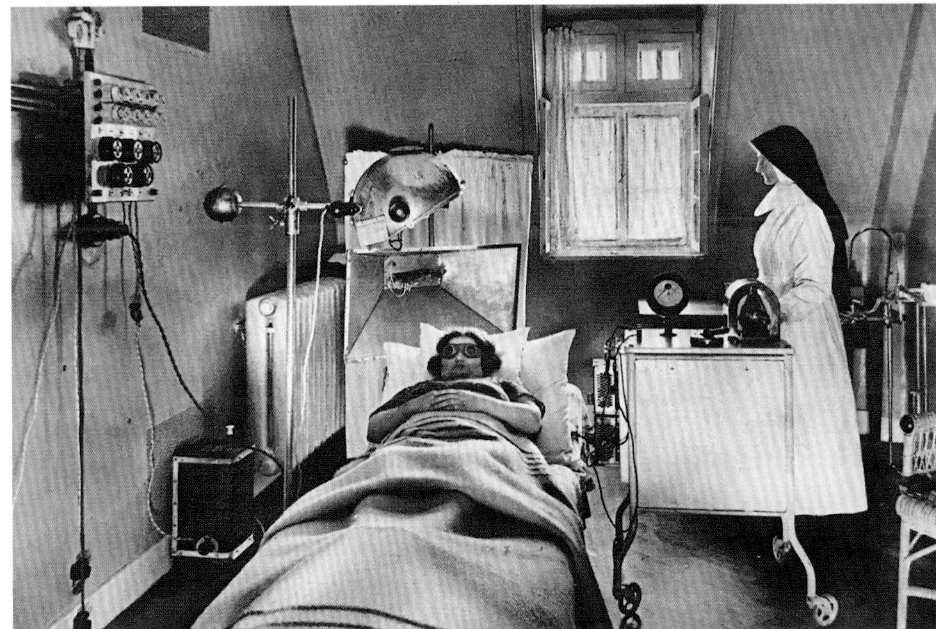

dem Machtwort der Oberin. Der Krieg hinterlässt auch sonst seine Spuren. Beim US-Angriff vom 21. September 1944, der die Altmünsterkirche zerstört, und dann seine Schneise über Kästrich nach Zahlbach zieht, prasseln 50 Stabbrandbomben auf das Hildegardis, das an 23 Stellen brennt. Schon im Monat darauf zerstören die Druckwellen von Sprengbomben vor allem die Fenster, bevor am 1. Februar 1945 eine Luftmine schwere Schäden anrichtet. Doch kaum, dass die Waffen schweigen, gehen die Schwestern und alle anderen noch verbliebenen Bediensteten ans Werk. Und als am 1. Dezember 1945 die Heizung wieder läuft, kann das Hildegardis endlich wieder in Betrieb gehen.

Luftbild um 1967. Der neue TBC-/Lungenbau ist fertig, unten am Bildrand entsteht bald des Bettenhaus.

198 Hildegardis nach 1945

Vom Klinikbau zum Wohntraum

Noch mehrere Monate nach Kriegsende liegt das Hildegardis-Krankenhaus brach, bis die Zerstörungen wenigstens halbwegs beseitigt sind. Denn auch wenn Einrichtungen wie Krankenhäuser bei der Zuteilung von Material bevorzugt werden, ist es trotzdem unendlich schwer, auch nur die kleinsten Kleinigkeiten zu bekommen. Selbst Nägel, Schrauben und Holz sind Mangelware, erst recht aber Glas oder gar Ersatzteile für beschädigte technische Einrichtungen wie Strom, Wasser oder Heizung. Und auch wenn das Krankenhaus in Zahlbach nicht zerstört, sondern schwer beschädigt ist, dauert es Monate, bis es wieder betriebsbereit ist. Und selbst dann ist vieles nur provisorisch.
Die Zeit der Provisorien hält Jahre an, oft behilft man sich mit der Aufbereitung von Material, das man aus den Trümmern klaubt. Erst mit der Währungsreform geht es voran, wenn noch lange nicht richtig aufwärts, denn kaufen kann man nun alles, dafür ist das Geld mehr als knapp. Doch Anfang der 50er stabilisiert sich das Hildegardis, und nach der Mitte des Jahrzehnts beginnen Planungen für eine Neustrukturierung und einen Ausbau des Krankenhauses.
Der erste Schritt erfolgt 1958 mit der Umwandlung von einem reinen Beleg- in ein Anstaltskrankenhaus. Bis dahin haben niedergelassene Mainzer Ärzte im Hildegardis Betten, um ihre Patienten auch stationär behandeln zu können. Das hat für die Erkrankten den Vorteil, dass

Aufnahme um 1967. Oben rechts das Schwesternheim mit Hallenbad und Dachgarten, darüber der Kleingartenverein Römersteine, 1910 als erste kommunale Anlage gegründet.

Mehrbildansichtskarte mit dem Altbau und den drei Neubauten.

sie den behandelnden Arzt kennen, aber den Nachteil, dass er wegen seiner Praxis eben nur begrenzt für sie erreichbar ist. Nun werden sie fachärztlich rund um die Uhr betreut, allerdings bleiben in einigen Abteilungen wenigstens ein paar der Belegbetten erhalten.

Auch eine Vergrößerung der Klinik kommt nun ins Gespräch, und da erweist es sich im Nachhinein als Glücksfall, dass die Schwestern Ende der 1920er-Jahre ein größeres Grundstück zwischen der Klinik und dem Xaveriusweg quasi auf Vorrat gekauft haben. Ein gewichtiges Argument, als man sich 1962 gegen die Sanierung und Anbauten am Bestand und für großzügige Neubauten entscheidet.

Dabei geht es um gleich drei Gebäude: Eine

Das neue Bettenhaus um 1972, heute ist es Teil der Wohnanlage.

TBC-Lungen-Klinik mit drei Stationen, 84 Betten und OP, ein Schwestern- und Personalheim mit 116 Zimmern, Hallenbad und Dachgarten sowie dem Kernstück der Erweiterung – dem Bettenhochhaus. Im November 1968 nimmt die Generaloberin für den ersten Spatenstich das Arbeitsgerät zur Hand und zweieinhalb Jahre später kann das Hochhaus in Betrieb genommen werden. Die Konstruktion ist in der damaligen Zeit durchaus üblich – ein breitgelagerter Sockelbau, aus dem das achtstöckige Hochhaus aufsteigt. Die ebenfalls in jenen Jahren entstandenen Neubauten des Vincenz und der Chirurgie der Uniklinik gehören auch zu diesem Gebäudetypus.

Über insgesamt 384 Betten verfügt das Hilde-

Die Wohnanlage 2022. Der historische Komplex und das Bettenhochhaus sind in die Wohnanlage integriert.

gardis-Krankenhaus nun, in den 80ern steigt die Zahl auf über 400, aber die größte Veränderung steht erst nach der Jahrtausendwende an. 2001 übergeben die Ordensschwestern der göttlichen Vorsehung die Trägerschaft ans Caritaswerk St. Martin, und nur zwei Jahre später wird die Klinik mit dem St. Vincenz und Elisabeth Hospital zum Katholischen Klinikum Mainz (KKM) verschmolzen.

Karin Weingärtner, viele Jahre Vorsitzende der Mitarbeitervertretung und KKM-Chronistin, weiß, dass dies damals keine Liebeshochzeit ist: „Die Katholischen Krankenhäuser waren ja Konkurrenzunternehmen, es war also eine reine Vernunftsehe." Es habe schon eine ganze Zeit gedauert, bis man sich mit diesem Schritt abgefunden habe, „aber es war die richtige Entscheidung".

Schon 2008 denkt man im KKM über die Einhäusigkeit nach, will sich endgültig auf den Standort in der Oberstadtstraße An der Goldgrube konzentrieren, weil zwei Standorte schlicht zu teuer seien, wie es damals heißt. Viele Einrichtungen müssten nebst Personal doppelt vorgehalten werden, dazu komme der Unterhalt beider Standorte. Ganz gravierend aber sei, dass das Hildegardis-Krankenhaus dringend einer Generalsanierung bedürfte.

Ab 2010 ziehen erste Abteilungen um, im Spätsommer 2017 feiert man Abschied vom

Nach Sanierung und Rekonstruktion zeigt sich der Altbau als Schmuckstück.

Hildegardis, und im Februar 2018 machen die Mitarbeiter des Schlaflabors als letzte nach 106 Jahren das Licht aus. Für die Kolleginnen und Kollegen ein schwerer Schritt, wie auch Karin Weingärtner, die 1976 am Hildegardis ihre berufliche Laufbahn begonnen hat, dazu bei der Schließung sagt: „Die langjährigen Mitarbeiter haben das Gefühl, dass man ihnen ihre berufliche Heimat wegnimmt."

Rasch ist klar, dass das gesamte Klinikgelände verkauft wird und dort ein Wohngebiet entstehen soll, wobei viele Mainzer um die historischen Gebäude bangen. Denn das Hauptgebäude hat durch die vielen Um- und Anbauten viel von seiner historischen Substanz verloren, was eine Unterschutzstellung mehr als erschwert. Doch das Unternehmen Molitor Immobilien, das im November 2017 das Hildegardis kauft und zu einem grünen Wohnviertel umbaut, geht sorgsam mit der historischen Substanz um. Das über 100 Jahre alte Haupthaus bleibt nicht nur erhalten, sondern wird zum Schmuckstück und Mittelpunkt der Wohnanlage.

Dass aber sogar das Bettenhochhaus erhalten bleibt, das wegen der dringend nötigen Sanierung vielen als Abrisskandidat Nr. 1 gilt, hat mehr mit Baurecht zu tun: Wäre das Gebäude abgerissen worden, hätte der Bauherr an dieser Stelle nie mehr eine Baugenehmigung für ein Hochhaus erhalten.

Insgesamt entstehen 351 Mietwohnungen, von denen 25 Prozent sozial gefördert werden, sowie 91 Eigentumswohnungen auf dem früheren Hildegardis-Areal. Davon entfallen 155 auf das kernsanierte Bettenhochhaus, dessen augenfälligstes Merkmal die wellenförmigen Balkon-Bänder sind, sowie 64 auf das umfänglich restaurierte ehemalige Hauptgebäude. Wohnen kann man auch in den ehemaligen OP-Sälen und sogar in der ehemaligen Kapelle, während der sorgsam wieder aufgebaute Dachreiter für Gäste offen steht – er beherbergt ein Fledermaus-Hotel.

Blick auf das ehemalige Bettenhochhaus mit den wellenförmig vor die alte Fassade gebauten Balkons.

Auch die Kapelle wurde zu Wohnungen umgebaut.

Blick auf den Eingang an der Saarstraße und das 1903 erbaute Krematorium.

199 Hauptfriedhof

Ort der Besinnung und der Geschichte

Stadtspaziergänge durchs Grüne kann man in Mainz vielerorts unternehmen, etwa durch den Stadtpark, den Volkspark oder die Wallanlagen. Die wohl wohl stimmungsvollste grüne Oase der Stadt liegt aber zwischen Unterer Zahlbacher Straße und Universität. Ein Ort der Besinnung, ein wundervolles Stück Natur und ein Geschichtsbuch der letzten 200 Jahre. Es erzählt von alten Familien, großen Männern und Frauen, von Tragödien, Krieg und Elend, und nebenbei öffnet sich ein kulturgeschichtliches Bilderbuch. Der Hauptfriedhof ist ein faszinierendes Stück Mainz.
Vor exakt 219 Jahren findet hier die erste Bestattung statt, allerdings hat die Gegend rund ums Zahlbachtal als Begräbnisort eine 2000-jährige Tradition. Schon bei den Römern findet sich hier ein ausgedehnter Friedhof und auch in fränkischer Zeit ist diese Nutzung belegt. Später werden über Jahrhunderte die Toten an verschiedenen Orten bestattet. Klerus und Adel in Kirchen und Kreuzgängen, alle anderen auf Friedhöfen von Pfarreien oder Hospitälern.
Doch in der eingeschnürten Festungsstadt wird der Platz selbst für die Toten knapp. Daraufhin weist der französische Präfekt Jeanbon de Saint André an, dass ein Kirchhof „auf dem Aureusplatz, außerhalb der Stadt" einzurichten sei.
Jener Aureus, ein Heiliger, soll dort, wo heute der Friedhofseingang an der Unteren Zahlbacher Straße liegt, im 5. Jahrhundert den Märtyrertod erlitten haben. Später wird dort eine Kapelle errichtet, deren Titelheiliger ab 1600 der Heilige Aureus ist, nach dem dann auch die

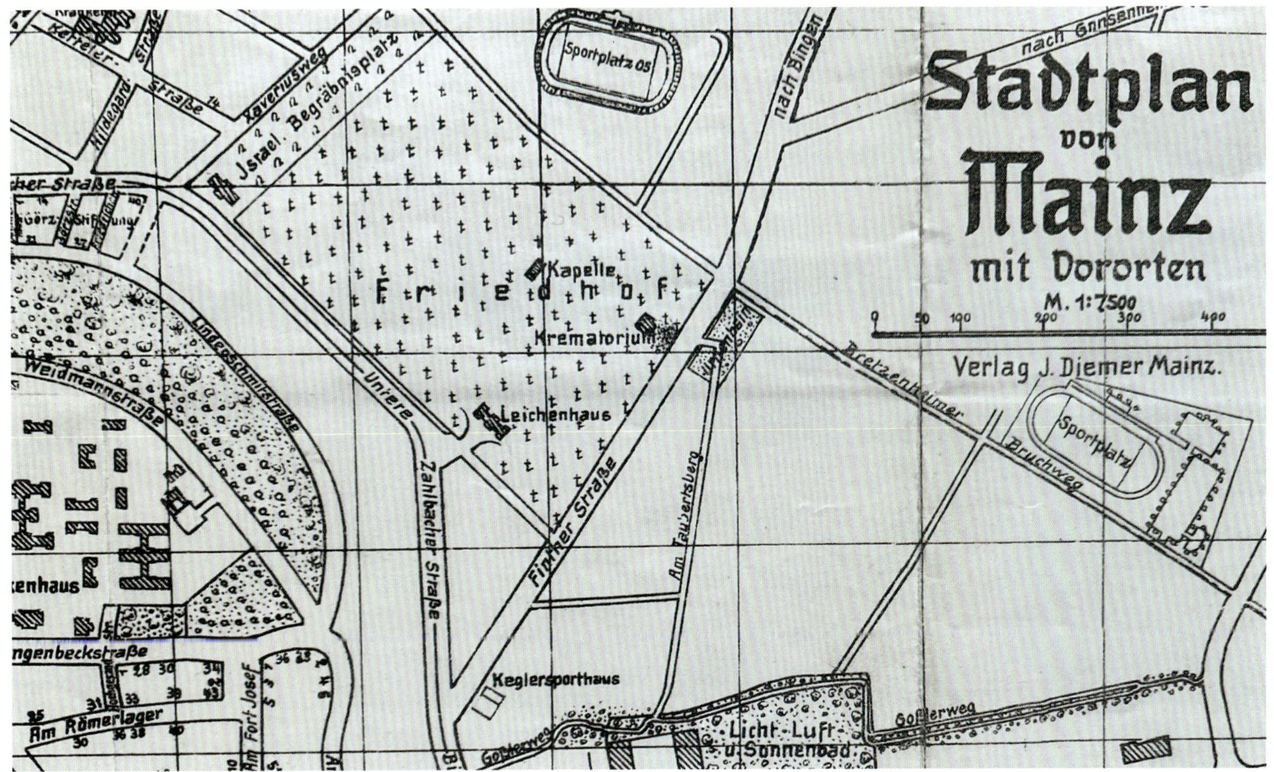

Stadtplan um 1925 mit der Aureuskapelle und dem damaligen 05er-Stadion oberhalb des Friedhofs.

Gegend des späteren Friedhofs genannt wird, besagter Aureusplatz. Der Alt-Mainzer Volksmund nennt den Hauptfriedhof später lange noch Aureus. Die Kapelle wird im Lauf der Jahrhunderte mehrfach zerstört, endgültig bei der Belagerung von Mainz 1793. Und auch die 1856 erbaute neue Kapelle auf dem Friedhof wird nicht alt: Sie fällt 1944 einem Fliegerangriff zum Opfer.

Der 1803 eröffnete Friedhof reicht nicht so weit hinauf wie heute, lange noch ist die Gruftenreihe die obere Begrenzung. Fünf Mal wird bis 1918 das Gelände erweitert, das heute 20 Hektar groß ist. 1881 kommt noch der Neue Jüdische Friedhof hinzu, über den wir zu einem späteren Zeitpunkt bei Stadtspaziergängen durchs jüdische Mainz erzählen werden.

Der älteste erhaltene Grabstein stammt von 1805 und ist dem Steinmetz Sebastian Sieglitz gewidmet. Der breit gelagerte, abgeflachte Obelisk mit Relief ist einer der klassizistischen Grabmaltypen, die sich im älteren Teil des Aureus zahlreich finden – ob als Grabsäule, Grabaltar, Pyramide oder Cippus. Die Denkmalto-

Die in den 1850er-Jahren erbaute und 1944 bei einem Luftangriff zerstörte Aureuskapelle.

Blick auf die Gruftenstraße.

1903 wird das lange umstrittene Krematorium eröffnet.

pographie Mainz, Band 2.1, stellt auf 40 Seiten 230 Grabstätten vor.

Besondere Aufmerksamkeit verdienen in diesem Zusammenhang die Grüfte, die sie sich vor allem in den nebeneinanderliegenden Feldern 1, 7, 13 und 19 befinden. Es sind prächtige Portale unterschiedlicher Gestalt: stelenförmig, dann wieder neugotisch mit Maßwerk oder Fialen, und manchmal ziert die Grabanlage eine Ädikula, ein Tempelhaus oder eine Grabkapelle wie bei Anton Bembé. Der berühmte Möbelfabrikant aus der Großen Bleiche ist einer der ersten seiner Profession, der auch komplette Villen oder Schlösser ausstattet, was ihm Berühmtheit und Wohlstand bringt und eben eine entsprechende Grabstätte..

Viele berühmte alte Namen des 19. Jahrhunderts finden sich in dieser Reihe: Lederfabri-

Ansichtskarten gibt es damals sogar vom Einäscherungsraum.

Blick vom Krematorium auf den durch den Ausbau der Saarstraße stark veränderten Urnenfriedhof.

kant Deninger, die Bürgermeister Metz, Nack und Schott, der vor allem aber als Musikalien- und Wagner-Verleger berühmt ist, dann die Gastells von der Waggonfabrik oder die Sektfamilien Henkell und Kupferberg. Wie gesagt, der Hauptfriedhof ist ein Geschichtsbuch, und das sind nur die ersten Blätter. Weiter oben, an der Wand zur Albert-Schweitzer-Straße finden sich noch mehr Unternehmerfamilien wie Köbig, Schmahl, Hommel, Listmann oder Klenk.

Bald nachdem der Friedhof jenseits der Grüfte erweitert wird, entsteht um 1903 das Krematorium, ein Sandsteinbau mit Kupferkuppel, das 2010 durch die Anlage an der Unteren Zahlbacher ersetzt wird. Bereits 1887 gründet sich der „Verein für Reform des Bestattungswesens und Zulassung der Feuerbestattung", denn Letztere ist zu jener Zeit hart umkämpft. Ärzte plädieren aus hygienischen Gründen dafür, während die Sozialdemokratie darin eine kostengünstige und damit soziale Bestattungsvariante sieht. Die katholische Kirche verbietet ihren Gläubigen die Feuerbestattung, droht jedem, der sich dafür entscheidet, dass er weder eine

Das französische Ehrenmal für die beim 1870/71er-Krieg in Mainzer Lazaretten verstorbenen französischen Soldaten.

kirchliche Begräbnisfeier noch einen Grabplatz auf dem Kirchhof erhält. Erst 1963 korrigiert sich Rom, während die evangelische Kirche wesentlich früher eine wenigstens tolerierende Haltung einnimmt.

Das Krematorium ist das achte im Reich, und gleichzeitig entsteht ein Urnenhain, der durch die Verbreiterung der Saarstraße Ende der 60er stark verändert ist. Aber Teile der Urnenwand seitlich des Sphingen-bewachten Eingangs von der Saarstraße gibt es noch: Dort findet sich etwa der einstige, 1928 verstorbene OB Göttelmann, der Schriftsteller und Fußballdichter Ror Wolf (1932-2020), aber auch die etwas verblasste Erinnerungen an den 20-jährigen Jakob Hahn, der im Ersten Weltkrieg sein Leben lässt: „Sein junges Leben musste er opfern auf flandrischem Boden."

Der Krieg spielt auf dem Friedhof eine große Rolle, viele Monumente erinnern an Gefallene auf allen Schlachtfeldern Europas, und auf großen Grabfeldern liegen Hunderte hier in Mainzer Lazaretten verstorbene Soldaten. Ältestes Denkmal ist jenes für die „unter Napoleons Fahnen gefallenen Mainzer", das hiesige Veteranen 1834 errichten.

Aus Trümmern der Pulverturmexplosion entsteht ein Erinnerungsort für die dabei umgekommenen Soldaten, aber auch das Metall eingeschmolzener französischer Kanonen aus dem 70/71er-Krieg findet Verwendung. Daraus wird der Löwe auf dem Denkmal für die in jenem Krieg in Mainzer Lazaretten verstorbenen deutschen Soldaten. Für die französischen Gefangenen, die hier das gleiche Schicksal ereilt, gibt es ebenfalls eine Erinnerungsstätte.

1919 errichten die französischen Besatzer ihren Garnisonsfriedhof mit einem Ehrenmal in Form eines 14 Meter hohen Obelisken. Es ist umgeben von rund 600 schlichten Grabsteinen, einerseits mit Kreuzen für Soldaten christlichen Glaubens, dann solche mit angedeuteten Kuppeln und arabischen Schriftzeichen für die muslimischen Kameraden.

Drei Jahre später errichtet die Stadt Mainz in direkter Nachbarschaft den Deutschen Ehrenhof mit einer wuchtigen Gedächtnishalle zwischen seitlichen Wänden, an denen der Opfer der Mainzer Einheiten gedacht wird. Jedem einzelnen Regiment und Bataillon wird auf eigenen Tafeln gedacht: von den 87ern aus der Eisgrub- und den 88ern aus der Elisabethen-Kaserne bis zum Fußartillerie-Regiment Nr. 3 aus der GFZ- und den 117ern aus der Alicekaserne. Davor erstrecken sich lange

Oben: Noch heute kündet diese Tafel an einem Familiengrab von einem in Stalingrad vermissten Soldaten.
Rechts: 1922 erbaut die Stadt Mainz den Ehrenhof, um der Mainzer Regimenter, deren Gefallenen und den in Mainz in Lazaretten verstorbenen Soldaten zu gedenken.

Reihen mit fast tausend Täfelchen, auf jedem stehen Name und Lebensdaten eines in Mainz im Lazarett verstorbenen und hier bestatteten Soldaten.

Eine Aufschrift bezieht auch die Gefallenen von 1939 bis 1945 mit ein, doch auch an mancher Familiengrabstätte wird eines Sohnes oder eines Familienvaters gedacht, der nicht aus dem Krieg heimkehrt. Bei vielen kann man es anhand der Todesdaten erahnen, manchmal ist ein „gef." für gefallen angegeben, ein „verm." für vermisst oder ein Hinweis auf den Ort. So ist am Grab der Familie Klein im Grabfeld 57 ein Zusatztäfelchen angebracht, auf dem geschrieben steht: „Willi Winsiffer *2.5.1915 verm. Stalingrad." Ein 27-Jähriger, dessen Spur sich im Winter vor über 80 Jahren im Kessel von Stalingrad an der Wolga verliert. Zerfetzt, erfroren, verhungert. Keiner weiß, was mit ihm passiert ist.

In der gleichen Reihe, nahe des Eingangs Albert-Schweitzer-Straße, findet sich an einem Familiengrabstein, auf dem an erster Stelle die zwölfjährige Hannelore steht, eine ähnliche Tafel: „Hannelore Opfer des Holztorschuleinsturzes". Ein Hinweis auf die schlimmste Mainzer Nachkriegstragödie, als am 13. November 1945, die baufällig gebombte Schule in der Holzstraße einstürzt.

Zwei Klassen sind noch dort, eine schafft es noch ins Freie, die andere wird unter den Trümmern begraben. Die Lehrerin, der Rektor und 18 Schülerinnen sterben, von denen acht schräg gegenüber Hannelores Grab gemeinsam bestattet sind. Vielleicht liegt das Mädchen nicht bei ihren Kameradinnen, weil sie nach dem Einsturz noch 17 Tage um ihr junges Leben ringt, bevor sie ihren Verletzungen erliegt.

Hier sind die Schülerinnen begraben, die 1945 beim Einsturz der Holztorschule ums Leben kamen.

An der Heugasse parken Autos im glänzenden Lack, während an der Liebfrauenstraße Ruinen aufragen.

200 Farb-Spaziergang durchs Nachkriegs-Mainz

Graue Trümmer und bunte Leuchtreklamen

Unsere Erinnerungen an die Nachkriegszeit sind oft nur schwarz-weiß, gerade bei den Nachgeborenen, die jene Jahre nicht selbst erlebt haben, ist das so. Denn all die alten Fotos, die Bilder in Büchern, sie sind selten farbig. Vielleicht gibt es mal eine nachkolorierte Ansichtskarte, viel seltener eine echte Farbkarte, aber der überwiegende Eindruck ist eher farblos. Und selbst bei jenen, die damals gelebt haben, vergehen langsam die Farben der Erinnerung. Das merkt man bei gezieltem Nachfragen. Denn sinnliche Wahrnehmungen sind flüchtig: Gerüche verwehen, Geräusche verklingen, Farben verblassen.

Da kommt es schon einem Schatz gleich, wenn Mainzer Farbdokumente aus jener Zeit auftauchen und einen neuen Blick auf die schwarz-weißen Zeiten erlauben, denn nur die wenigsten fotografieren in jener Zeit in Farbe. Bei Durchschnittseinkommen von vielleicht 400 Mark sind die Filme und das Entwickeln viel zu teuer, bei Dia-Filmen kommt noch die Vorführapparatur und die Leinwand hinzu. Es dauert noch bis weit in die 60er-Jahre, bis sich die Farbfotografie durchsetzt. Und das auch nur langsam.

Einer, der aber schon sehr früh in Farbe fotografiert, ist Klaus Pippert aus Gonsenheim, gebürtiger Breslauer, geflüchtet mit den Eltern aus der DDR und seit 1955 in Mainz. Schon ein Jahr später geht es für den 16-Jährigen Schloss-Schüler auf eine große Reise von der

Markt Blickrichtung Brand: Der Brunnen steht heute 50 Meter weiter rechts, die Häuser wurden durch Rekonstruktionen ersetzt. Bei der Ruine handelt es sich um die alte Gendarmeriekaserne Flachsmarktstraße/Ecke Große Bleiche, wo 1963 das Allianzhaus eröffnet wird.

alten in die neue Welt. Er gehört zu den ersten deutschen Schülern, die ein Jahr in den USA verbringen dürfen. Und dort lernt er schließlich die Farbfotografie kennen.

In Deutschland wie in den USA gibt es seit den 30er Jahren Farbdiafilme, hier Agfacolor, dort Kodachrome, aber in den 50ern kann es sich im verarmten Deutschland praktisch niemand leisten, in Farbe zu fotografieren. Pippert hat allerdings nach seiner Rückkehr 1952 das Glück, von den neu gewonnenen Freunden in den USA mit Farbfilmen versorgt zu werden. Und so stammen seine ersten Fotos von Anfang 1953 – der Rosenmontag in Farbe!

Die Fotos von Klaus Pippert haben schon den ein oder anderen unserer Stadtspaziergänge veredelt – ob es besagte Fastnachtsfotos von 1953 sind, Bilder aus der Altstadt, vom Rhein, von der Universität oder Straßenszenen mit faszinierenden Oldtimern in Farbe. Ein Schatz, der auch manche Farbüberraschung parat hält. So stellt man beim Durchsehen der Sammlung fest, dass manche Fassade in den 50ern doch sehr lange unverputzt geblieben ist oder oft schlicht und traurig grau ist. Man blickt in Farbe mit anderen Augen auf die Stadt.

Spannend auch manches farbliche Detail wie Zweifarblackierungen an Autos, die strahlenden Farben der nächtlichen Leuchtreklamen am Münsterplatz oder die Wahlkampffarben der Parteien, etwa blaue (!) SPD-Fahnen in den 60er-Jahren. Sehr schön die sattbraunen Hol-

Der Eingang zum Weinmarkt in den 50er-Jahren.

zaufbauten der Rheinschlepper, die elfenbeinfarbenen Straßenbahnwagen, der leuchtend rot lackierte Eingang zum Weinmarkt.
Auch im Bestand des Mainzer Fotoclub gibt es ganz hervorragende Farbfotos aus der Aufbauzeit, etwa der Kaufhof der 50er-Jahre mit seiner grünlich schimmernden Glasfassade. Allerdings bleiben viele der kunstfertigen und künstlerisch ambitionierten Fotografen des Clubs der schwarz-weiß-Fotografie treu.
Eine andere Quelle für farbige Mainz-Fotos aus den 50ern und frühen 60er-Jahren sind England und vor allem die USA, wo die Farbfotografie damals eine deutlich höhere Verbreitung hat. Mancher hier stationierte Soldat hält seinen Mainzer Standort auf Dia fest, wobei meist bekannte Gebäude wie der Dom oder der Ba-

Das Foto von der Gonsenheimer US-Kaserne, als sie noch Caserne Mangin heißt, stammt von 1953, während das Bild vom Rheinhochwasser 1955 aufgenommen wird, als die Straßenbahn noch über die Heuss-Brücke fährt. Bei der Autoausstellung von 1958 steht auch ein BMW 507 am Rheinufer, der heute in sehr gutem Zustand zwei Millionen Euro kosten würde.

Ruinen an der Rechengasse, heute Teil der Emmeranstraße, im Hintergrund die Reichklarakirche.

Eine Isabella von Borgward Mitte der 50er vor dem noch mit einem Tor gesicherten Haupteingang der Universität. Der Wagen trägt das Besatzungskennzeichen FR 40 für Mainz. FR heißt „Französische Zone Rheinlandland-Pfalz", wobei Mainz noch zwei weitere Nummern besaß: FR 33 und FR 36.

rock am Schillerplatz fotografiert werden oder auch eine Ansicht vom Rheinufer.
Viel seltener lichten die Menschen Trümmer ab, doch eine Serie, die aus Übersee via Internetauktion zu mir gelangt ist, beinhaltet allein Fotos aus dem Bereich Rechengasse, Emmerans- und Flachsmarktstraße. Die Bilder stammen aus der Mitte der 50er-Jahre, als noch das ganze Viertel in Trümmern liegt, noch immer Ruinen aufragen, die Brachen überwuchert sind.

Ob hier ein US-Soldat auf der Suche nach seinen familiären Wurzeln gewesen ist? Schließlich sind viele Mainzer, besonders jüdischen Glaubens, vorm Krieg in die USA emigriert und kehren später als Soldaten wieder. Oder auch deren Kinder, und die fotografieren dann für die Leute daheim, was vom einstigen Wohnort, von der Straße, vom Haus geblieben ist.
Eine andere Gruppe, die vor allem aus Großbritannien schon in diesen frühen Nachkriegs-

Der Bahnhofvorplatz um 1954 mit der Linie 6 nach Wiesbaden. Der Straßenbahnwagen gehört den Stadtwerken Wiesbaden, aber am 1. Mai 1955 geben die Hessen die Verbindung auf.

Nachtaufnahme vom Münsterplatz mit seinen bunten Leuchtreklamen.

Das Siemens-Hochhaus in der Flachsmarktstraße bei Nacht um 1966.

jahren nach Deutschland und oft auch nach Mainz kommt, ist die der Eisenbahn- und Straßenbahnfreunde. Während man ansonsten auf der Insel den „Blitz" von 1940 nicht vergessen hat und den Deutschen mehr als reserviert gegenübersteht, haben die Schienenfreunde solche Vorbehalte nicht. Sie fotografieren vor allem Dampfloks, die in den 50ern in Deutschland noch die Hauptlast des Verkehrs tragen oder die Straßenbahnen der Stadt.

So findet sich in den Internetauktionshäusern manch stimmungsvolles Farbfoto oder -dia aus der Mainzer Innenstadt, bei denen es zwar vor allem um den Straßenbahntriebwagen geht, die aber doch interessante Details aus dem Umfeld zeigen. Da findet sich ein Bild aus der noch nicht umgestalteten Gaustraße mit dem alten Café Grün oder ein Bild von der Endstelle der Straßenbahnlinie 8 auf der Ingelheimer Aue mit den Kraftwerken im Hintergrund.

Trotz dieser Fundstücke bleibt die farbliche Erinnerung an die Aufbaujahre vor allem schwarz-weiß, doch jedes aufgetauchte Foto bringt einen weiteren Tupfer, machen die Nachkriegszeit für uns ein Stück bunter. Leider werden oft Fotos aus Nachlässen, gerade aus den 50er- und 60er-Jahren, entsorgt, weil die Erben damit nichts anfangen können.

Räderboote ziehen die schweren bis zu 1,8 Kilometer langen Schleppzüge

Die Universität 1946. Unten die Albert-Schweitzer-Straße, oben diagonal die Straße An der Allee.

201 Universität I

Festung, Stadion, Kaserne und Uni

Es wird ja viel gemosert über das Entree zum Campus der Mainzer Uni, den großen Vorplatz zwischen Saar- und Albert-Schweitzer-Straße. Zugepflastert und versiegelt, kein saftiger Rasen und keine niedlichen Blumenrabatten. Was die Kritik übersieht: Jegliches Grün zwischen seitlicher Haltestelle und Uni-Portal wäre von den tagtäglich mit Bus und Bahn eintreffenden Studenten beim kürzesten Weg zum Portal eh längst dem Erdboden gleich gemacht worden. Und die Debatte verstellt auch den Blick darauf, dass sich die Uni gerade hier von ihrer Schokoladenseite zeigt: Großzügig, von allen Seiten einladend, der Vorplatz linker Hand von Arkaden gefasst, die hinleiten zum Portalbau mit seinem steilen Schieferhelm. Ein schönes Entree, trotz militärischer Herkunft.

Die Militärvergangenheit des Areals ist gleich doppelter Natur, wobei das ältere Kapitel bis in die Zeit der Bundesfestung zurückreicht. Als sich beim Krim-Krieg in den 1850er-Jahren die Wirkung neuer, weitreichender Geschütze zeigt, geht man an den Ausbau der Festung, errichtet vorgelagerte Anlagen und eines liegt auf dem heutigen Uni-Gelände - das Fort Bingen. Noch vorm Ersten Weltkrieg wird das Festungswerk am Bretzenheimer Bruchweg, heute Albert-Schweitzer-Straße, außer Betrieb genom-

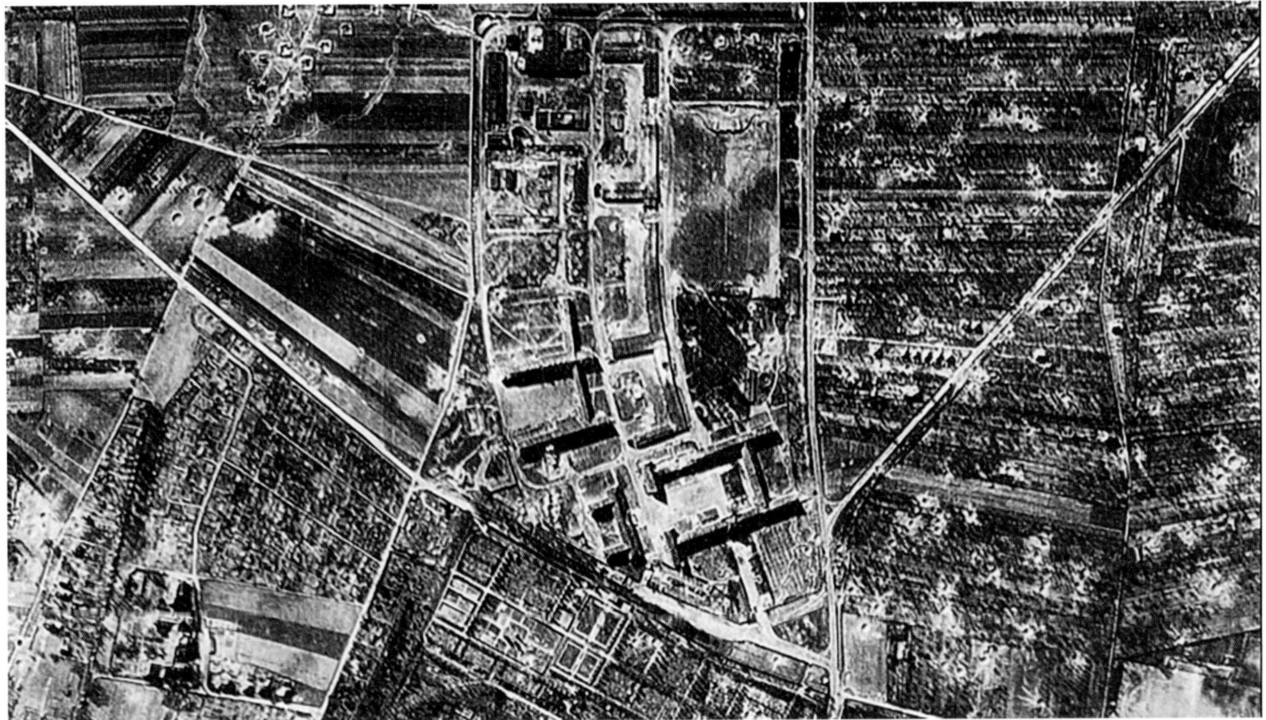

Senkrechtaufnahme 1945: Unten links Hildegardis-Krankenhaus, rechts anschließend Hauptfriedhof, oben Mitte Flakkaserne, rechts das Münchfeld mit diagonal verlaufender Straße An der Allee. Überall sieht man Bombentrichter, links oben Flakstellung.

men, nach 1918 fällt der größte Teil des Forts der Entfestigung zum Opfer. Als aber um 1990 das neue ReWi-Haus gebaut wird, stößt man auf erstaunlich gut erhaltene Flankenkasematten.

Dass die Franzosen auf die Beseitigung des Forts bestehen, kommt ausgerechnet Mainz 05 in schwerer Zeit zugute. Die Fußballer sind in einer Notlage, denn ihr altes Stadion auf dem heutigen Schottgelände seitlich der Rampe zur Kaiserbrücke ist Opfer des Krieges geworden. Die hölzerne Tribüne und der hohe Lattenzaun sind in kalten Wintern abgerissen und in Mainzer Wohnungen verfeuert worden, während der Fußballplatz als Kartoffelacker dient.

Das 1919 eingeweihte Stadion am Fort Bingen, in dem die 05er erfolgreiche 20er-Jahre erleben. Bis zu 12000 Zuschauer kommen.

Tiefpunkt der 05-Geschichte. Hitler tritt in dem Stadion auf, das Eugen Salomon mitfinanziert hat.

Die Stadt stellt nach dem Krieg als Ersatzgelände jenes am ehemaligen Fort Bingen zur Verfügung, doch der Verein hat kein Geld. Dafür aber treue Freunde und Geldgeber, und einer von ihnen ist der jüdische Geschäftsmann Eugen Salomon, legendärer erster Präsident anno 1905. Der hat zwar um 1912 nach seiner Dienstzeit bei der kaiserlichen Artillerie in Lothringen dort geheiratet und ein Geschäft gegründet, aber 1918/19 wird er als Deutscher und Weltkriegssoldat nebst Familie ausgewiesen.

Stacheldraht, um die Uni, aber auch die von den Studenten angelegten Gemüsebeete vor Plünderung zu schützen, um 1947.

Klar für ihn, dass er nach Mainz zurückkehrt und ebenso klar, dass er seinen 05ern in schwerer Zeit hilft. Er ist einer von drei Vereinsmitgliedern, die das neue Stadion finanzieren. Wie bitter, dass ausgerechnet dort, in seinem Stadion, im Juli 1932 Adolf Hitler einen seiner Hassauftritte hat. Zehn Jahre später wird Salomon in Auschwitz in einer Gaskammer ermordet.

Hitler ist damals im hessischen Wahlkampf unterwegs und Zehntausende seiner Anhänger jubeln ihm zu, als er seine rassistischen und antisemitischen Parolen herausschreit. Ein Jahr später ist er an der Macht, bald beginnt die Aufrüstung und 1935 marschiert die Wehrmacht ins entmilitarisierte Rheinland ein. Sie belegt in Mainz einige der noch vorhandenen Kasernen, benötigt aber weitere im Zuge der

Lageplan 1947:
1) Rektoramt, Verwaltung
2) Dekanat Phil. Fakultät
3) Kath./Ev. Fakultät, Bibliothek
4) Jur. Fakultät
5) Naturw. Fakultät, Phys., Chem., Math. Institut, Sozialdienst, AStA
6) Hörsaal 1-8, Musikwissensch. Inst.
7) Hörsaal 9-15
8) Aula, Audit. Maximum, Hörsaal 16, 17, Mensa
9) Botan., Zool., Geolog. Inst.
10) Pharmaz. Inst.
11) Hörsaal 19, Physiolog. Chemie
12) Physiologie, Anatomie
13) K.W. I Chemie (Baustelle)
14) Phys., Chem. Inst., Studentenheim (Baustelle),
15) Mensaküche
16) Hausverwaltung
17) Bauamt
18) Pförtner, Buchhandlung
19) Friseur.

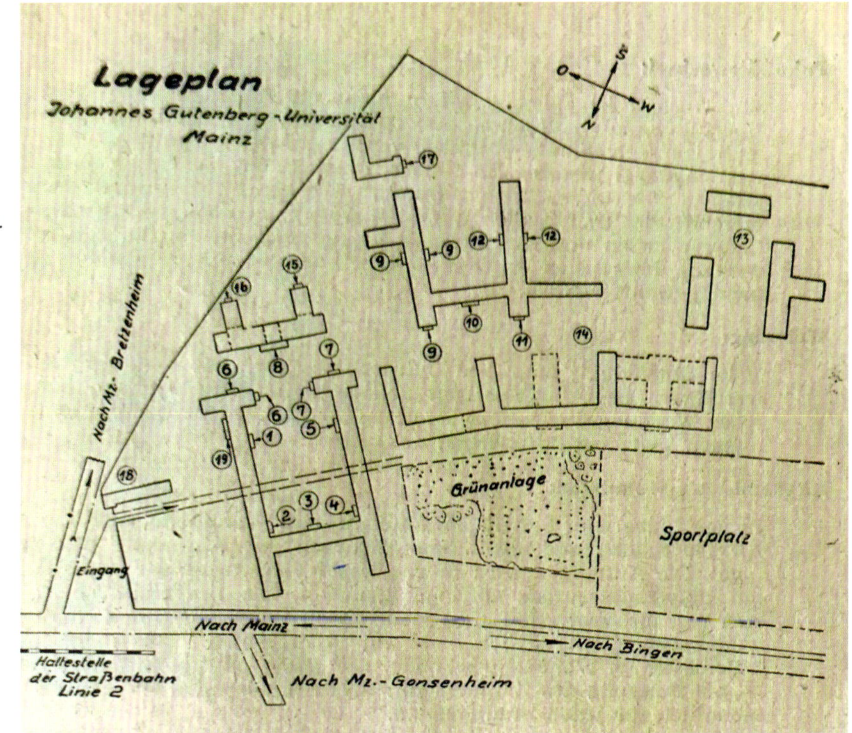

Aufrüstung. Eine ist die Kathen-Kaserne, die Gonsenheim dann auch die ungeliebte Eingemeindung bringt, die zweite ist die Flak-Kaserne auf dem Stadion-Gelände.
Mainz 05 wird enteignet und muss rüber in das mittlerweile in Herbert-Norkus-Kampfbahn umbenannte Bruchwegstadion, dessen Namensgeber ein 1932 von Kommunisten getöteter Berliner Hitlerjunge ist. Der ist übrigens Vorbild für den Roman und späteren UFA-Propagandafilm „Hitlerjunge Quex".
Die Kaserne für die Flugabwehreinheit ist 1940 fertiggestellt, wird im Krieg beschädigt, aber nicht zerstört. Und das eröffnet für Mainz dank der Franzosen eine unglaubliche Chance. Auch wenn die Mainzer selbst zunächst gar nicht begeistert sind von der Idee, hier eine Universität einzurichten.
Nein, ein Wunschkind der Mainzer ist die Uni nicht. Eine Skepsis, die durchaus Tradition hat. Schon als 1927 die Hoffnung laut wird, dass die Ende des 18. Jahrhunderts geschlossene Alma Mater wieder aufleben könnte, gibt es Gegenwind. Aber nach dem verheerenden Krieg schlägt den Plänen gar breite Ablehnung entgegen. Mainz ist zu 80 Prozent zerstört, kaum Wohnraum - und da soll für Studenten wertvolles Baumaterial geopfert werden?
Treibende Kraft ist General Raymond Schmittlein, Chef für kulturelle Angelegenheiten in der französischen Zone. Die besteht aus den südlichen Teilen von Baden und Württemberg sowie dem Gebiet des heutigen Rheinland-Pfalz. Während im Süden Tübingen und Freiburg Unis besitzen, wenn auch teils bis ganz zerstört, gibt es im Norden keine Hochschule.
Die althergebrachten Universitäten hält Schmittlein für nationalistisch geprägt, für einen Anachronismus, und so soll wenigstens die neue Universität einen anderen Typus verkörpern. Speyer ist im Rennen, Trier und Mainz, wobei Letzteres durch die zentrale Lage in der Mitte des künftigen Rheinland-Pfalz den Zuschlag erhält. Aber nicht nur: Mit der Flakkaserne ist ein Campus vorhanden, wenn auch komplett geplündert.
Und komplett ist wörtlich zu nehmen: Fenster, Türen, Sanitäranlagen, Kabel ... einfach alles hat Füße bekommen, und es hat nicht viel gefehlt, dann hätten sich die Mainzer auch die Mau-

Der Eingang der Universität Anfang der 50er-Jahre.

ersteine geholt, um ihre Häuser aufzubauen. Deshalb lassen die Franzosen, als Ende 1945 die Entscheidung für Mainz fällt, das Gelände einzäunen und bewachen. Wichtiger noch: Sie geben Kontingente des heiß begehrten Baumaterials frei und 800 Kriegsgefangenen die Chance, sich im Baueinsatz die Freiheit zu erarbeiten. Auch Stadtkommandant Kleinmann unterstützt das Projekt mit Kräften.

Am 4. Februar 1946 wird die Universität in Gründung nach dem größten Sohn der Stadt benannt, und es wundert nicht, dass die treibende Kraft Aloys Ruppel ist, Direktor von Stadtbibliothek und Gutenberg-Museum. Am 18. März nimmt der erste Rektor, Professor Josef Schmid, seine Arbeit auf, aber nicht auf dem Campus, sondern im beschädigten Haus An der Goldgrube 46. Dort im Keller liegen die ersten Büros der noch nicht bezugsfertigen Uni. Zwei Wochen vor der geplanten Eröffnung am 22. Mai halten viele die Einhaltung des Termins für unmöglich, aber es gelingt.

NEUER
MAINZER ANZEIGER

REDAKTION: MAINZ, WEIHERGARTEN 5, TELEFON 29, ANZEIGEN- UND ABONNEMENTS-ANNAHME: COMMERZBANK, MAINZ, GROSSE BLEICHE NR 35, TELEFON NR. 28
MONATSBEZUGSPREIS: RM 1.75 ZUZÜGLICH 25 RPF. TRÄGERLOHN, DURCH DIE POST RM 1.94 EINSCHL. POSTZEITUNGSGEBÜHR ZUZÜGLICH 36 RPF. ZUSTELLGEBÜHR

Nummer 42 M — Donnerstag, 23. Mai 1946 — Preis 20 Pfg.

Die Eröffnung der Mainzer Universität

Urkunde und Goldener Schlüssel dem Rektor überreicht

Der große Festakt

Der Tag, an dem die neue Universität in Mainz mit einem eindrucksvollen Festakt ihre Weihe erhielt, zog mit schweren Wol-

übrigen süddeutschen Länder ließen sich vertreten. Die Bischöfe von Mainz und Speyer, der Superintendent von Rheinhessen, die Rektoren der Universitäten von Frankfurt, Freiburg, Straßburg, sowie Vertreter der Universitäten von Zürich und

Rektor der neuen Universität und die Dekane in ihren farbigen Roben, sowie der gesamten Lehrkörper der Johannes Gutenberg-Universität Platz.

Musikalisch umrahmt von Darbietungen des Städtischen Orchesters Mainz, des

sprach vom „glücklich zu preisenden Mainz" und überreichte dem Rektor einen Goldenen Schlüssel als Sinnbild der eigenen Verwaltung und der Freiheit von Forschung und Lehren. Bewegt dankte der Rektor der Johann Gutenberg-Universität

Was Paris bewegt

Von unserem Pariser Mitarbeiter

Florian Caveyrac

Vor einigen Tagen flogen an Bord von Kriegsflugzeugen ein paar hundert Pariser Kinder von dem neuen Großflughafen Orly bei Paris nach England ab. Sie sind von englischen Familien für einen viermonatigen Erholungsurlaub eingeladen. Noch vor zwei Jahren flüchteten die gleichen Kinder, wenn sie das Brausen der Flugzeugmotore hörten,

Am 23. Mai 1946 berichtet der Mainzer Anzeiger über die Eröffnung.

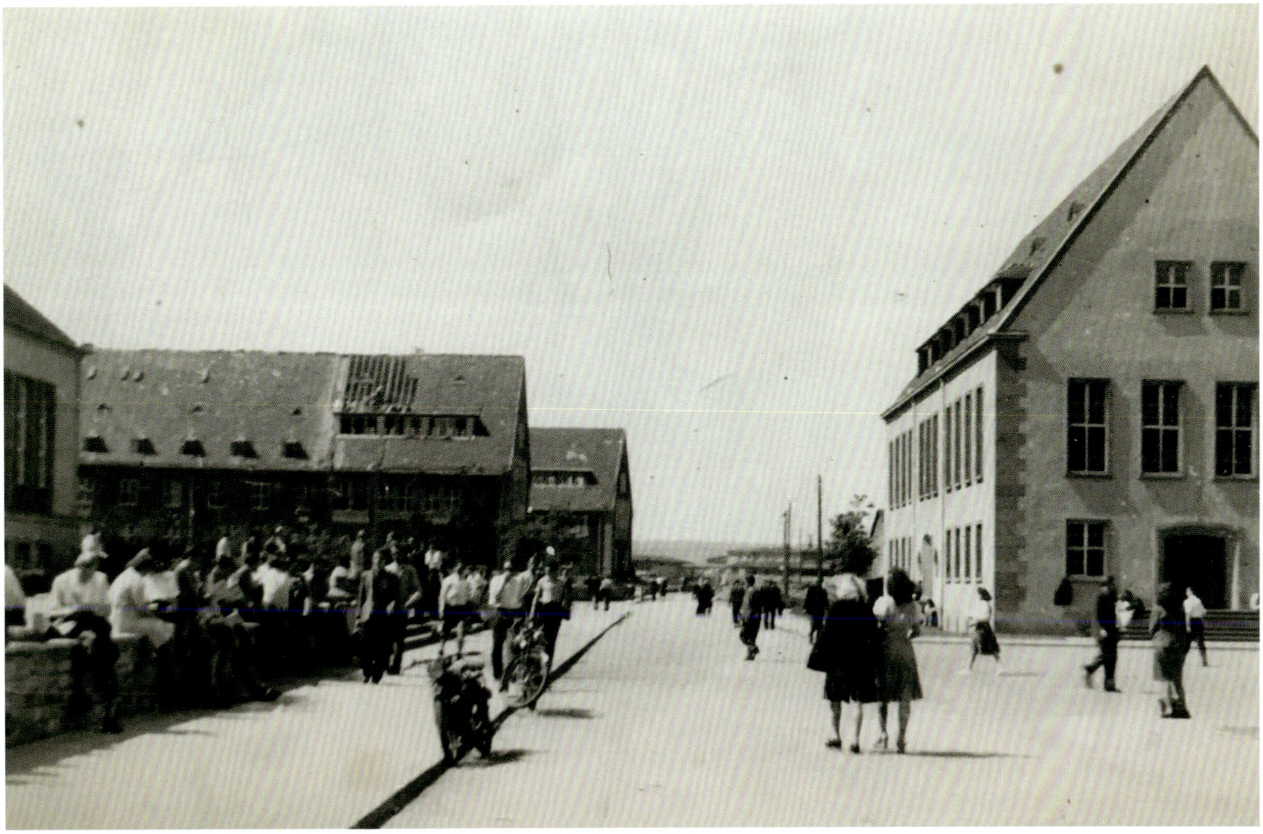

Das Forum 1947/48. In den Dachgeschossen leben viele Studenten, die aber in ihrer Freizeit Aufbauhilfe leisten müssen.

Am 23. Mai 1946 heißt es im „Neuen Mainzer Anzeiger" auf der Titelseite: „So heißen wir sie denn herzlich willkommen in Mainz: die Wissenschaft, ihre Kinder und ihre Schüler." Chefredakteur Erich Dombrowski kann diesen Gruß nicht am Tag der Einweihung entbieten, sondern muss es bereits am Vortag tun, denn der „Anzeiger" erscheint wegen Papiermangels nur drei Tage die Woche und eben nicht am Eröffnungstag.

Der beginnt mit Gottesdiensten im Dom und für die Protestanten in der Kapelle der heutigen Unimedizin. 2400 Studenten sind eingeschrieben – 6000 haben sich beworben. Aber wer sich über das Glück eines Studienplatzes freut, der hat noch lange keine Wohnung, denn die sind die größte Mangelware jener Jahre. Für alle Mainzer.

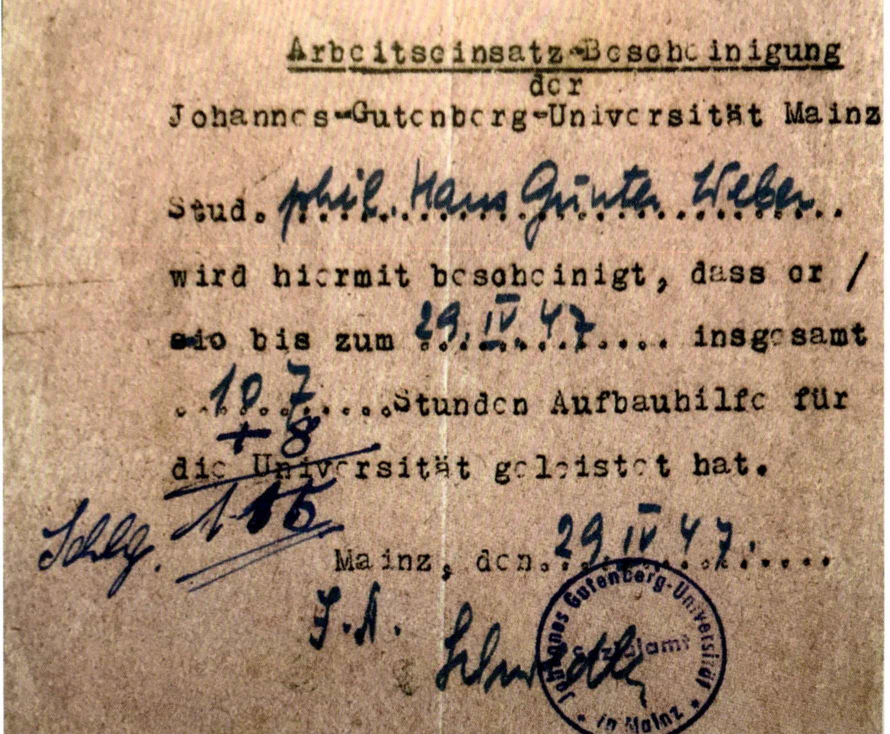

Arbeitseinsatz-Bescheinigung
der
Johannes-Gutenberg-Universität Mainz

Stud. phil. Hans Günter Weber

wird hiermit bescheinigt, dass er / sie bis zum 29.IV.47 insgesamt 107 +8 Stunden Aufbauhilfe für die Universität geleistet hat.

Mainz, den 29.IV.47

I.A.

Johannes Gutenberg-Universität in Mainz

Das Forum in den 50ern. Im Vordergrund ein Opel Kapitän, vielleicht der Wagen des Rektors?

202 Universität II

Erste schwere Jahre auf dem Campus

Hilflos steht die junge Frau im Mai 1946 in einer Gonsenheimer Bäckerei. Am Ende ihrer Nerven und ihrer Kräfte bricht sie in Tränen aus, denn nach einer anstrengenden Fahrt aus einer anderen Stadt weiß sie nicht wohin. Mit Jura-Studienplatz, aber ohne Bleibe hat sie die Stadt oder das, was davon übriggeblieben ist, zu Fuß durchstreift, hat überall vorgesprochen, aber vergebens. Nun hat es die junge Studentin ins kaum zerstörte Gonsenheim verschlagen, aber sie weiß endgültig nicht mehr weiter. Doch eine Gonsenheimerin hat das Herz am rechten Fleck und spricht die weinende junge Frau an, erfährt das Schicksal und nimmt sie spontan mit nach Hause in die Katharinenstraße, wo sie die nächsten Jahre bleiben kann.

Das Studium absolviert die junge Frau mit großem Erfolg, wird später Oberstaatsanwältin in einer westdeutschen Stadt. Und vor zwei Jahren, als die Mainzer Uni 75 Jahre alt wird, erzählt sie diese anrührende Geschichte, die ein Schlaglicht auf die Situation der Studentinnen und Studenten in jenen Jahren wirft.
2400 Erstsemester zählt die Mainzer Universität im Mai 1946, klar, dass in der zu 80 Prozent zerstörten Stadt Unterkünfte fehlen. Nur 400 finden in Wohngemeinschaften in den Dachgeschossen der Gebäude rund ums Uni-Forum Platz - unter dem strengen Regiment Soldatenheim-erprobter DRK-Weltkriegsschwestern -, doch viele andere Studenten müssen jeden Tag bis zu 100 Kilometer anreisen. Von Alzey

Eine Wohngemeinschaft von Studentinnen in einer der Dachwohnungen am Forum.

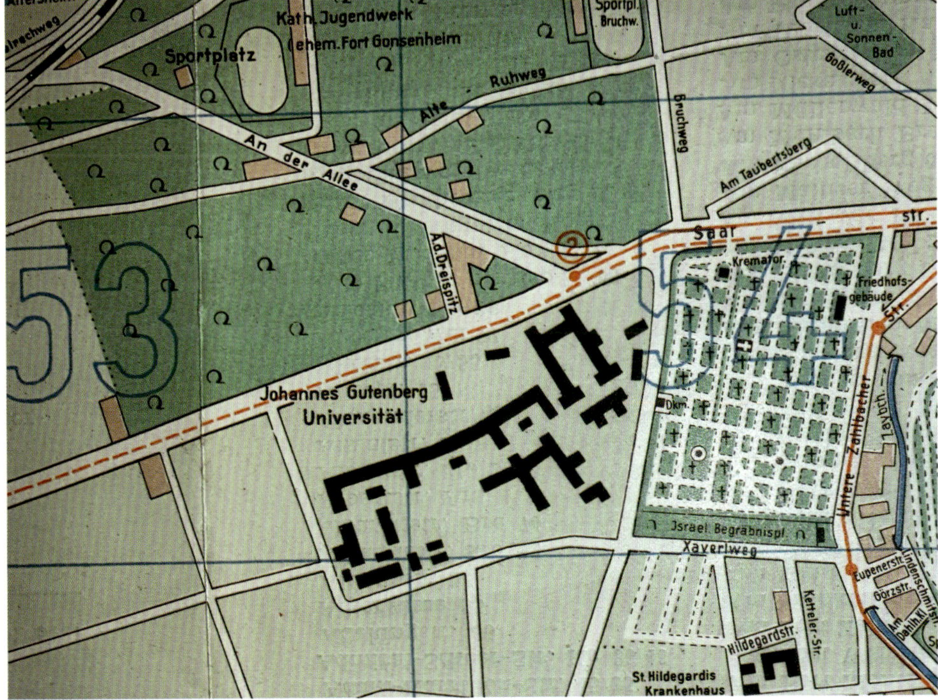

Stadtplan 1949: Auf dem Münchfeld gibt es erst ein paar Häuser.

fährt bis mittags nur ein einziger Zug um 6.12 Uhr, Ludwigshafener Studenten sind fünf Stunden am Tag unterwegs.
Und selbst wer eine Unterkunft in Mainz findet, führt alles andere als ein komfortables Leben, denn mehr als eine Kammer ist es meist nicht. Oft auch kaum geheizt bis ungeheizt, weshalb der junge Student Josef Fabry oft eingemummt in den Wintermantel und mit einer Bettdecke behängt am Schreibtisch sei-

8

Hochschule Johannes Gutenberg-Universität, Mainz

Stud. jur. Josef Fabry

SOMMER- – ~~WINTER~~-HALBJAHR 1949

1tes Fachsemester

Lfd. Nr. d. Vorl. Verz.	Name des Hochschullehrers	Genaue Bezeichnung der Vorlesungen, Übungen oder Seminare	Wochenstundenzahl	Unterrichtsgeld RM	An- und Abmeldevermerke der Hochschullehrer Anmeldung (Tag)	Abmeldung (Tag)
74	Holzamer	Sein und Geist, Grundzüge der Ontologie	4	10,00	[illegible]	
327	Isele	Grundzüge des bürgerlichen Rechts	4	10,00	[illegible]	
325	Erler	Deutsche Rechtsgeschichte	4	10,00	[illegible]	
324	Bernecker	Antike Rechtsgeschichte	2	5,00	[illegible]	
361	Welter	Allgem. (theoretische) Volkswirtschaftslehre	4	10,00	[illegible]	
225	Lockemann	Stimmbildung und Sprecherziehung	2	5,00	[illegible]	[illegible]
85	Engel	Einführung in die Psychologie	1	2,50	Engel	
71	Holzamer	Das Weltbild des Thomas von Aquin	1	gratis	[illegible]	
~~269~~	~~Ewig~~	~~Repetitorium der deutschen Geschichte~~	2	~~5,00~~	geänd. [illegible]	

Der spätere Bundesanwalt Josef Fabry studiert 1949 in Mainz und wohnt in einem kargen, kaum geheizten Zimmer in der Oberstadt. In seinem Studienbuch finden sich Professoren wie Holzamer, später ZDF-Intendant, und Welter, erst leitender AZ-Redakteur, später FAZ-Herausgeber.

ner Bude in der Oberstadt sitzt, während seine elektrische Kochplatte unterm Stuhl für etwas Wärme sorgt. Und das ist schon 1949. Mario Adorf kommt 1950 in den Baracken auf dem Hartenberg unter, wo heute Südwestfunk und Berufsschule stehen.

Wer ein Fahrrad hat, gehört schon zu den Privilegierten, viele laufen weite Strecken zur Uni, denn nicht nur, dass Bus und Straßenbahn in den ersten Jahren nicht ganz so häufig fahren, sie sind auch oft überfüllt, besonders die Linie 2, die seit Mai 1946 mit einem Triebwa-

gen die schmale Saarstraße hoch zur Uni fährt. Ab Dezember gibt man noch einen Beiwagen mit, aber nur kurze Zeit, so Straßenbahnkenner Harald Neise („Mainz und seine Straßenbahn 1883-1983", Kohlhammer). Denn als sich wegen schadhafter Bremsen ein Beiwagen an der Uni in Bewegung setzt und erst in der Schillerstraße langsam ausrollt, belässt man es fürderhin bei einzelnen Triebwagen.
Als 1956 die Alicenbrücke wegen der Elektrifizierung der Bundesbahnstrecke angehoben wird und deshalb fast ein Jahr gesperrt ist, bedeutet dies das Aus für die Linie 2. Erst 50 Jahre später bekommt die Uni wieder einen Straßenbahnanschluss, dazu noch mit einer Bus- und Straßenbahnhaltestelle idealerweise direkt am Haupteingang.
Heute ist die ÖPNV-Nutzung in der Semestergebühr enthalten, doch 1946 ist für die Studenten Bus und Bahn oft zu teuer. Selbst die Elf-Fahrten-Karte zu 1 RM geht ins Geld. Und genau davon haben die allermeisten Studenten viel zu wenig. Selbst das Essen in der nach zwei Semestern eröffneten Kantine ist für viele zu teuer, aber Schweizer Spende und die Hoover-Speisung aus den USA helfen über das Ärgste hinweg.
Von den 2400 Studenten studieren 38 Prozent Jura, 30 Prozent sind bei den Naturwissenschaften eingeschrieben, 27 in der Philosophischen Fakultät, während fünf Prozent Theologie studieren. Ein Drittel sind Studentinnen, die sich aber viel seltener den Rechtswissenschaften denn den naturwissenschaftlichen und philosophischen Fächern widmen.
Eine verstärkte Auswahl nach Schulnoten soll Leistung vor Herkunft stellen, und für 1947 sind folgende Zahlen überliefert: 195 Studenten sind Kinder von Landwirten, 148 von einfachen Beamten, 1161 von mittleren bis höheren Beamten, 633 von Gewerbetreibenden, 1015 Angestellten und 902 von Akademikern. Für NS-Belastete wird der Zugang erschwert, während man Professoren und andere Mitarbeiter nicht entnazifiziert. Das stößt vielfach auf Kritik, weshalb ein Jahr nach der Eröffnung eine Spruchkammer für 713 Personen eingerichtet wird, bei denen aber lediglich zwei Mediziner

Die Vorlesungen von Philosophie-Professor Karl Holzamer gelten als herausragend.

Gartenarbeit gehört für die Studenten in den ersten Jahren zur Pflicht.

als „Mitläufer" eingestuft werden und ihre Stellung verlieren.
Die Stimmung in der Stadt gegenüber Universität und Studenten bleibt zunächst schlecht, weil viele Mainzer meinen, dass beim Kampf

Die „Dies academica", ein großes Fest und Tag der offenen Tür 1949 auf dem Campus, soll das noch immer angespannte Verhältnis zwischen den Mainzern und der Uni entspannen.

um Wohnraum und andere Ressourcen erst sie an der Reihe sein müssten und die Studenten, zumal die auswärtigen, ihnen etwas wegnehmen würden. Anfang 1947 ist die Stimmung so schlecht, dass die Studentenzeitung „Die Burse" schreibt: „Eine Stadt mit einer Universität braucht noch keine Universitätsstadt zu sein. Aber wir Mainzer Studenten wünschen, daß Mainz es sein soll, weil Mainz unsere Heimat ist."

Das Auditorium Maximum am Forum.

Zahnmedizin-Studenten 1949 und Protest 1958 an der Gutenberg-Büste, die bis 1945 im Franziskaner in der Stadthausstraße steht. Die Studiosi wollen ihre Bärte wachsen lassen, bis ihnen mehr Mitbestimmung gewährt wird. Der Jenenser Claus Matthes (links der Büste, Mitte re.) studiert Jura in Mainz, da hier die Burschenschaft Arminia auf dem Burgkeller zu Jena ihren Sitz hat. Der Protestler geht später zum Bund, wird Oberstleutnant und Kommandeur Verteidigungskreis 441.

Während bis zur Währungsreform viele andere Unis angeschlagen sind, legt Mainz ein erstaunliches Tempo vor. Viele Studenten auch aus den anderen Zonen drängen nach Mainz, die Zahlen steigen von 2400 auf 6700 im Sommer 1949 an – und darauf ist die Mainzer Uni nicht vorbereitet. Aber in dem Maße, wie andere Hochschulen wieder öffnen, gehen in Mainz die Studentenzahlen stark zurück. Die 50er-Jahre beginnen für die Mainzer Uni mit einer ernsten Krise und alten Zweifeln. Ist Mainz wirklich eine Universitätsstadt?

An der Universitätsanlage kann es nicht liegen, denn auch wenn sie Militärvergangenheit hat, wirken die Gebäude nicht militaristisch oder abschreckend. Eher altbacken-freundlich, was dem „Heimatschutzstil" mit seinen steilen Satteldächern, Gauben und Putzfassaden mit eingefassten Fenstern zuzuschreiben ist. Der Stil kommt schon vorm 1. Weltkrieg auf, wird im 3. Reich vielfach missbraucht - auch für SS-Ordensburgen und Wohnhäuser für KZ-Wächter. Den Kolonnaden vorm Tor kann man die alte Funktion als Wache ansehen, aber im Forum spürt man nichts mehr vom einstigen Exerzier- und Paradeplatz.

Vor der Nordfront blickt gestreng Johannes Gutenberg über die Anlage, als wolle er jedem einzelnen Studenten ins Gewissen blicken und zu ernsthaftem Studium auffordern. Dabei hat die Büste auf hohem Sockel selbst eine Kneipenvergangenheit, stammt sie doch aus dem im Krieg zerstörten „Brauhaus zum Gutenberg", Franziskanerstraße/ Ecke Stadthausstraße.

Der aufgesockelte Riegelbau an der Südseite des Forums mit zwei Dutzend hohen Sprossenfenstern nebst Freitreppe wirkt betont offen. Dort fassen schon die Flak-Kanoniere Essen, und diesem Zweck dient das Gebäude auch nach 1946, bis am anderen Ende des Campus 1985 die neue Zentralmensa öffnet und im Ok-

Der Campus um 1960. Die Wohnblocks links hinten sind Studentenwohnungen, die Blocks vorne sind teilweise Professorenwohnhäuser.

tober 2022 gar eine rein vegetarische-vegane Mensa im Forster-Gebäude.

Südwestlich des Forums folgen die ebenfalls dreiflügligen ehemaligen Mannschaftsquartiere, die viele Institute beherbergen. Hier wie auch am Forum werden 1946 die hohen Dächer zu Wohnraum ausgebaut.

Mit bis zu vier Bewohnern geht es beengt zu, aber auch gestreng. In den Anfangsjahren gibt es viele Verbote und entsprechenden Drohungen mit Ausschluss – etwa „der Besitz elektrischer Apparate zu Heiz- und ähnlichen Zwecken" oder „Damenbesuch auf dem Zimmer".

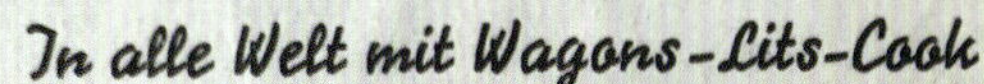

Jetzt auch direkte Flugverbindung München-Teheran

Auskunft - Beratung - Service **WAGONS-LITS-COOK** Mainz, Bahnhofstr. 9, Tel. 5425

Ihre wissenschaftlichen Arbeiten schreibt und vervielfältigt
Privat-Schreibstube Wilhelm Fuchs
Ingelheim-Mitte-Rh. Heidesheimerkreisstraße 6
Telefon: Ingelheim 239

Der Führerschein erleichtert
Ihr Fortkommen
in jedem Beruf

Auf Deinem Weg besuch die STEG
Sie finden preiswerte Angebote in
Textilien, Kosmetik, Ausstattung für Sport und Reise
STEG
KAUFSTÄTTE
MAINZ
Augustinerstraße 75, Tel. 7117
Inhaber: J. Hofmann

Kommilitonen!
Wer in Ihrer Zeitung inseriert, zeigt, daß er Wert auf Ihre Kundschaft legt.
Denken Sie daran bei Ihren Einkäufen.

UNIVERSITÄTSBAD
Hauptgebäude Eingang E - Brausebad Dpf 25
Höhensonne - Heißluft - Massagen - Fußpflege
Badezeit:
Montag bis Freitag 7 bis 18.30 Uhr, Samstag 7 bis 16.00 Uhr
Freitag ab 12.30 Uhr nur für Damen - Samstag nur für Herrn

Tanzschule
WILLIUS-SENZER
Sonderkurse für Studenten
Trainingsgelegenheit für Fortgeschrittene
Neue Kurse beginnen!
Mainz am Rhein Weihergarten 12 (Nähe Schillerplatz)

Buchhandlung Krichtel - Mainz
Schillerstraße 17-25 (Telehaus). Fernsprecher 7452
Buch- und Kunsthandlung. Wissenschaftl. Sortiment

5000 Studenten und Dozenten lesen die Mainzer Studenten-Zeitung.
5000 Studenten und Dozenten lesen
Ihr Inserat!

Schusterstraße 42	Leichhofstraße 6
Schöne Stoffe	Sport
Dirndl	Rieker-Schuhe
Strickmodelle	Lederhosen

Anfertigung von Herren- und Damen-Garderobe in der Schneiderei der Universität **CHRISTOPH BECKER**
Schneidermeister, Telefon 7-824
Chemische Reinigung, Umändern, Reparieren und Aufbügeln

Annoncenseite in einer Studentenzeitschrift Anfang der 50er Jahre inklusive Werbung für das Universitätsbad im Hauptgebäude mit Brausebad, Höhensonne, Heißluft und Fußpflege. Das Vorlesungsverzeichnis ist 1947 ein dünnes Heft, ebenso die Studentenzeitschrift „Burse". Die Eintrittskarte von 1949 erinnert an die berühmte Uni-Fastnacht der frühen Jahre.

Das Forum um 1965. Die Studenten brav in Stoffhose und weißem Hemd. Das sollte sich bald ändern.

203 Universität III

Muschel, Mensa, Inter I

Bis Ende der 40er-Jahre dienen alle Bauaktivitäten an der Mainzer Uni der Konsolidierung der Substanz und der Errichtung einiger dringend nötiger Bauten. Was 1946 aus Materialmangel oder auch wegen mangelnder Materialqualität nur provisorisch instandgesetzt werden kann, wird nach der Währungsreform im Juni 1948 zukunftsfest gemacht. Doch dann gehen schon ein Jahr später die Studentenzahlen in den Sturzflug über, und die Bauaktivitäten – bis auf die Studentenhäuser des Mainzer Kollegs – gehen zurück.

Nach über 6000 Eingeschriebenen in den ersten Jahren sind es gegen Mitte der 50er noch 2700, die medizinische Fakultät zählt im Winter 1954 gerade mal 479 Studentinnen und Studenten. Das liegt vor allem daran, dass die alten Universitäten, die nach den Kriegszerstörungen alle sehr schleppend wieder in Gang kommen, nun wieder voll in Betrieb sind und von ihrem alten Ruf zehren. Und darunter leidet Mainz. Wobei die Studenten durchaus profitieren: Kommen 1950 noch 20 Studenten auf eine Lehrkraft, sind es 1955 sieben.

Auch sonst schwärmen Ehemalige aus jenen Jahren vom Studium im Mainz der 50er, trotz aller Härten gerade der frühen Jahre. Da ist der Hunger nach Bildung, das Glück, studieren zu dürfen, und der ganze Optimismus jener Zeit. Auch das Geistesleben erblüht. Adorf spielt Theater, Hüsch Kabarett, die Uni-Fastnacht ist so legendär wie die Taberna. Selbst wenn es

Das Klubhaus des Mainzer Kollegs, Studentenwohnhäusern auf dem Campus.

Ende der 50er. Im Vordergrund das MPI, auf der Freifläche stehen heute NatFak und Muschel.

Das 1956 von Nobelpreisträger Otto Hahn und Liese Meitner eingeweihte Max-Planck-Institut.

erst mal nur Fassbrause gibt, ein dem Bier in Farbe und Geschmack ähnliches, aber alkoholfreies Brauprodukt.

Auch wenn die Uni-Entwicklung gebremst ist, herrscht kein Stillstand. 1952 eröffnet Bundespräsident Heuss die Alte Universität, 1953 ist das Audimax am Forum fertig, ein Jahr später die Musikhochschule an der Binger Straße, 1956 der MPI-Neubau, 1958 das Uni-Stadion.

Die Gründung des MPI, des Max-Planck-Instituts für Chemie, ist ein bedeutender Schritt für die Uni. Fritz Straßmann, der 1938 gemeinsam mit Otto Hahn am Berliner Kaiser-Wilhelm-Institut für Chemie die Kernspaltung entdeckt, baut ab 1946 im Auftrag der Franzosen hier das MPI auf. Parallel dazu errichtet er ein eigenes chemisches Institut, das Jahrzehnte später zum Institut für Kernchemie wird und auf Straßmanns Initiative einen Reaktor erhält. Nobelpreisträger Otto Hahn weiht ihn 1967 ein.

Ende der 50er-Jahre ziehen dann sowohl die Studentenzahlen als auch die Bauaktivitäten sehr stark an, und das neue Jahrzehnt wird das baulich prägendste für die Universität. In kurzem Abstand entstehen das Haus für Recht und Wirtschaft I (1961), Universitätsbibliothek (1964), Studentenwohnheim Inter I (1966), Philosophicum (1968), Hauptgebäude der Naturwissenschaftlichen Fakultät (1968) und Mu-

Der Campus Ende der 60er-Jahre, im Hintergrund die NatFak im Bau.

schel (1969), die dem Campus bis heute sein unverwechselbares Gesicht geben.
In die 80er-Jahre fällt die große Westerweiterung der Uni, die mit der Öffnung der neuen Hauptzufahrt an der Koblenzer Straße im November 1980 beginnt. Bald darauf entstehen dort zahlreiche neue Gebäude, mit als erstes die neue Zentralmensa. Und in deren Nachbarschaft schaffen Studenten nach jahrelangen vergeblichen Verhandlungen mit der Uni über ein Kommunikationszentrum 1988 mit Besetzung des Hauses Mainusch Tatsachen.
Die Zentralmensa wird 2018 gemeinsam mit dem NatFak-Gebäude und der davor liegenden Muschel unter Denkmalschutz gestellt, nachdem es Forum und Kasino schon lange sind. Offenbart sich das Besondere der Muschel mit ihren geschwungenen, gemeinsam bis in den Boden verlaufenden Dachbögen bereits beim ersten Blick, so ist das benachbarte Gebäude der Naturwissenschaftler für die meisten wohl eher auf den zweiten (oder dritten) Blick ein positiver Hingucker.
Lothar Leonhard, der spätere Leiter des Universitätsbauamts, ist Vater beider Gebäude, wobei er zunächst jenes der Fakultät entwirft. Das Kennzeichnende des neungeschossigen Riegels ist das weiße Raster aus Doppel-T-Trägern, das gemeinsam mit den Brüstungselementen aus glänzendem, blau gefärbtem Glas die Fassade bestimmt.

Bevor 1964 der Forum-Brunnen eingeweiht wird, schütten Studenten Waschmittel ins Wasser, was bei der ersten Fontäne für ein Schaumbad sorgt.

Die Muschel und im Hintergrund das Gebäude der Naturwissenschaftlichen Fakultät.

In den 80er Jahren beginnt die große Westerweiterung des Campus, der heute bis an die Koblenzer Straße reicht. Unten Mitte die Zentralmensa von 1988, die unter Denkmalschutz steht.

Die Unterschutzstellung bietet Schutz vor jeglicher Veränderung, bedeutet im Fall von Sanierung aber höhere Kosten und jede Veränderung muss von der Denkmalschutzbehörde genehmigt werden. So kann die Universität stolz sein und zerbricht sich doch den Kopf. Aber nachdem in den letzten Jahren viel abgeräumt worden ist und auch noch viel abgerissen werden wird, ist es wichtig, prägende Bauten zu erhalten.

Vieles bewegt die Universität in den 90ern, denn der Zerfall des Ostens und die deutsche Wiedervereinigung haben natürlich direkte Auswirkungen. Aber zwei höchst unterschiedliche Ereignisse – eines rein praktischer Natur, ein anderes aus dem Bereich der Wissenschaft – stechen in jenem Jahrzehnt doch heraus: die Einführung des Semestertickets 1994 und der Nobelpreis für Professor Paul Crutzen vom Max-Planck-Institut für Chemie, Direktor der Abteilung für Atmosphärenchemie. Der Niederländer wird 1995 geehrt für die Erforschung des Ozonlochs.

Laut JGU ist Crutzen bereits ihr zweiter Nobelpreisträger, zumindest vermerkt die Chronik für den 10. Dezember 1956: „Der Mainzer Honorarprofessor Werner Forßmann erhält den Nobelpreis für Medizin für die Erforschung des Herzkatheters im Selbstversuch." Er wird zwar erst ab 1957 im Vorlesungsverzeichnis geführt …

Professor Paul Crutzen beim Empfang am Max-Planck-Institut für Chemie nach Erhalt des Nobelpreises.

und dennoch ist die Angabe nicht falsch. Denn kaum, dass die Nachricht vom Nobelpreis für Forßmann im Herbst 1956 auf dem Markt ist, ernennt die Uni den Kreuznacher Chirurgen zum Honorarprofessor. Und so kann sie bei der Verleihung des Nobelpreises behaupten, dass Forßmann zur JGU gehört. Sehr clever.

Obwohl das MPI-Gebäude anno 1956 von Nobelpreisträger Otto Hahn und der kongenialen Kernphysikerin Lise Meitner eingeweiht wird und obwohl Crutzen hier seine Mainzer Forschungen beginnt, soll das Haus der großen Namen, der Nobelpreisträger abgerissen werden. Sehr geschichtsvergessen.

Natürlich kostet das Erhalten alter Gebäude

Der Chirurg Werner Forßmann wird kurz vor Verleihung des Nobelpreises 1956 von der Uni zum Honorarprofessor ernannt.

Das Inter 1 Ende ist über Jahrzehnte ein Wahrzeichen der Uni.

viel Geld, und das ist wohl der entscheidende Grund, dass 2021 das Studentenwohnheim Inter I verschwindet, das mit so vielen Erinnerungen behaftet ist wie kaum ein anderes Gebäude auf dem Campus. Ein Ort der Begegnung in allen nur denkbaren Facetten: Von jenen schönen menschlichen, die man ob der dünnen Wände den ganzen Flur entlang und über die Stockwerke hinweg hört, bis zum wohl bösesten Moment der Inter-Geschichte im April 1982. Damals stürmen 100 mit Knüppeln, Schlagringen und Messern bewaffnete Khomeini-Anhänger das Haus, durchkämmen Etage für Etage, um Regimegegner brutal zusammenzuschlagen. Die Konsequenzen sind nach Drohungen aus dem Iran mau, weniger als die Hälfte wird abgeschoben. Sehr bitter.

Für jeden, der an der JGU studiert hat, ist das Inter unvergessen. Eigentlich unabreißbar, aber eben auch nicht zu erhalten. Und nach nur ein paar Wochen Abrissarbeiten ist das Hochhaus, diese jahrzehntelange Landmarke der Johannes-Gutenberg-Universität verschwunden. Nun klafft im Himmel über der Uni ein großes Loch.

Kurz vor dem Abriss zeigt sich das Hochhaus Anfang Mai 2021 entkernt mit leeren Fensterhöhlen. Im Vordergrund die 2016 eingeweihte Mainzelbahn, die für die Uni einen riesigen Fortschritt bedeutet.

Blick über die US Housing Area in den 70ern zum Stadion mit noch unbedachter Gegengerade.

204 Bruchwegstadion I

1063 Ligaspiele, 584 Siege, 2188 Tore

Wer einen Spaziergang zu den bisherigen Spielstätten von Mainz 05 unternehmen will, der ist gut unterwegs. Allein sechs Plätze in der Oberstadt wären anzufahren, dann geht es in die Neustadt, auf den Hartenberg und am End' nach Bretzenheim. Überall dort gibt es seit 1906 Ligaspiele der 05er, wobei der Bruchweg seit 1938 natürlich die allermeisten gesehen hat. Die wenigen Spiele der Vorkriegszeit des zwangsweise fusionierten Reichsbahn SV 05 und der eingeschränkte Betrieb im Krieg sind zu vernachlässigen, aber von der ersten vollständigen Saison 1946/47 bis zur letzten Bruchwegspielzeit 2010/11 kommen die 05er dort auf 1063 Ligaspiele mit 584 Siegen, 219 Niederlagen und 260 Unentschieden bei einem Torverhältnis von 2188:1240.

Das Zusammenzählen all der Punkte und Tore überwiegend anhand der Tabellen im Jubiläumswälzer „100 Jahre 1. FSV Mainz 05" gestaltet sich mühsam, bisweilen aber auch spannend. Die Listen fördern manche Erinnerung zutage, manch Verschüttetes wie auch manches Heimspiel, das längst zum kollektiven Vereinsgedächtnis gehört: Das 5:2 gegen den FCK mit seiner legendären Walter-Elf im November 1953, die 1:6-Schlappe gegen Meppen 1988/89 oder das Aufstiegs-3:0 gegen

Mannschaftsfoto um 1956.

Trier am 23. Mai 2004, als dann alle Dämme brechen.

Die höchste Liga-Niederlage ist das 1:10 gegen den 1. FC Saarbrücken 1955/ 56, die zwei höchsten Heimsiege fallen 10:0 aus: gegen den SV Speicher 78/79 und ein Jahr später gegen Ellingen-Bonefeld in der Amateur-Oberliga Südwest. Das erste Spiel der Saison 1946/47 ist ein 2:2 gegen Borussia Neunkirchen, das letzte 2011 ein 2:1 gegen St. Pauli.

Vor der Bruchweg-Ära haben die 05er schon einige Spielstätten hinter sich. Die ersten Ligaspiele absolviert der Ursprungsclub Hassia 05 vorm Gautor auf einem provisorischen Platz, dessen Tore für jedes Spiel herbeigeschafft werden müssen. Nächste Station ist die Radrennbahn zwischen Drususwall und Fort Elisabeth, wo man schon über 1000 Zuschauer zählt, bis die 05er um 1910 ihr erstes eigenes Stadion am anderen Ende der Stadt auf dem

Luftbild von 1945: links oben Flakkaserne, ganz rechts das Stadion. Das Gelände ist von Bombentreffern übersäht, auch das Stadion hat Treffer abbekommen.

Sammelbild für ein Album der Zigarettenfirma Greiling aus den 20er-Jahren, als man noch im Stadion am Fort Bingen spielt.

heutigen Schott-Gelände bauen. Das übersteht den Ersten Weltkrieg nicht, weshalb man den Schützenfestplatz an Stiftswingert und Göttelmannstraße nutzt, bevor am 19. Oktober 1919 das Stadion am Fort Bingen (heute Uni) eingeweiht wird.

Dort erlebt der Verein äußerst erfolgreiche 20er-Jahre und baut das Stadion ständig weiter aus, das schließlich über Stehtraversen, Vortribüne, sogar eine überdachte Tribüne und Gebäude verfügt. Dagegen wirkt das 1929 ein Stück weit den Bretzenheimer Bruchweg hinunter erbaute städtische Stadion eher karg. Nichtsdestotrotz müssen die 05er genau dorthin umziehen, weil die Wehrmacht das Areal am alten Fort Bingen für den Bau der Flakkaserne beansprucht.

Widerspruch ist zwecklos, die Abfindung von 3000 RM eine Frechheit, und zudem steht man 1937 erst mal ohne eigenes Stadion da. Die

Das Stadion am Fort Bingen, hier stehen heute die Gebäude des Uni-Forums.

Annonce des Keglerheims. Hier müssen sich in den frühen Nachkriegsjahren die Mannschaften umziehen, bevor sie am Bruchweg spielen.

1817er bieten Asyl, dennoch endet die Saison mit dem Abstieg in die dritte Liga. Zudem fällt der Verein bei den Nazis in Ungnade. Weil eine von oben gewünschte Fusion zunächst scheitert, erhält Mainz 05 eine Spielsperre.

Also kommt es doch zur Fusion mit dem Reichsbahn Turn- und Sportverein und man spielt fortan am Bruchweg. Der heißt seit 1933 „Herbert-Norkus-Kampfbahn", benannt nach einem 1932 von Kommunisten in Berlin getöteten Hitlerjungen. Der ist übrigens Vorbild für den Roman und späteren UFA-Propagandafilm „Hitlerjunge Quex". Allein die Adresse Bretzenheimer Bruchweg bleibt (heute Albert-Schweitzer-Straße und Martin-Luther-King-Weg), ansonsten ist nichts mehr, wie es war. Stadion weg, Eigenständigkeit weg, und die neue Spielstätte ist allenfalls ein besserer Sportplatz. Nicht einmal ein Tribünendach gibt es und der Belag ist schmerzhafter Kiesel.

Nach einer Spielzeit in der Kampfbahn ist Krieg, und als die Waffen schweigen, braucht man für den beginnenden Spielbetrieb mal wieder einen Ausweichplatz. Diesmal finden die 05er eine Bleibe auf dem Sportplatz in der Unteren Zahlbacher Straße, wo 2400 Zuschauer am 6. Januar 1946 den Oberliga-Auftakt erleben.

Mitte Februar 1946 gehts zurück ins Bruchweg-Stadion, das jetzt auch wieder so heißt, doch jeglicher Vergleich mit einem Stadion hinkt. Die Spieler müssen sich im Keglerheim unten am Beginn der Saarstraße umziehen, während die Zuschauer selbst Wind und Wetter ausgesetzt sind und es nicht einmal Stehplatzränge gibt. Dennoch kommen zu den Mainzer Heimspielen in der 1. Liga Südwest Gruppe Nord in den späten 40ern bis zu 9000 Zuschauer.

Es ist ein Freundschaftsspiel gegen den 1. FC Nürnberg um Max Morlock 1952, das den 05ern erstmals wieder ein Spiel vor mehr als 10000 Zuschauern beschert – dazu noch einen 2:1-Sieg. „Man fühlte sich zurückversetzt in die große Zeit der 05er, als in den Zwanziger-Jahren die Rot-Weißen um die süddeutsche Meisterschaft kämpften", schwärmt die Allgemeine Zeitung am 21. Juni. „Die Mainzer Jugend saß (wie einst) auf ihrem Hosenboden an die Reklamewände gelehnt, der Spritzwagen der Stadt nahm dem Boden den letzten Staub (...), Brezelverkäufer, Erdnusslieferanten und fliegende Bierhändler rundeten den Rahmen dieses Großkampfes ab. Die Vereinsführung hatte diesmal dafür gesorgt, dass die Organisation tadellos funktionierte, und durch Aufstellen einer Vortribüne hatte man noch zusätzliche Sitzplätze geschaffen."

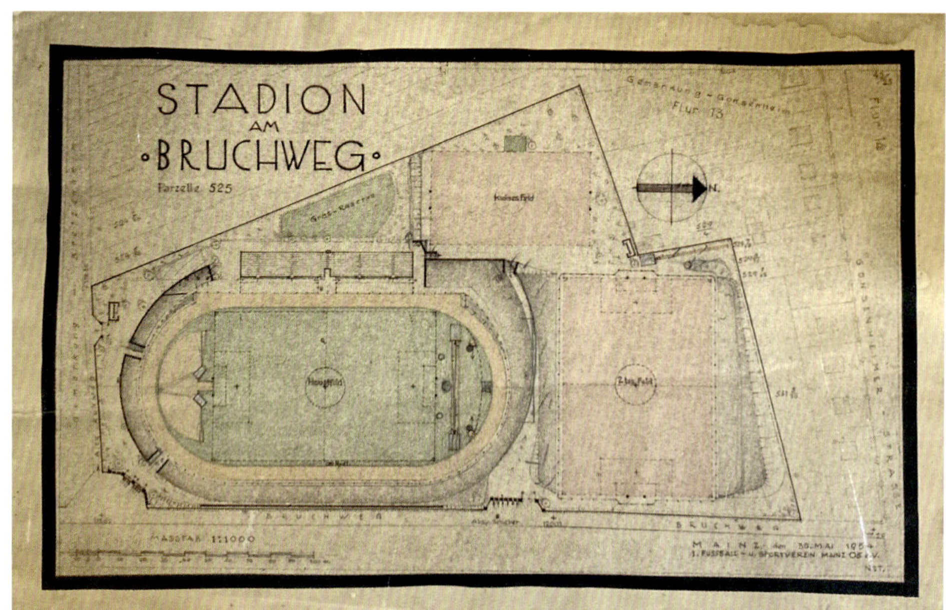

Plan von 1953 mit dem für das nächste Jahr vorgesehenen Bau von Aschebahn und Stehrängen. Die Phase des ersten Ausbaus zwischen 1951 und 1954 ist ein Verdienst von 05-Präsident Walter Strutz, Vater des späteren Präsidenten Harald Strutz.

Ab 1949 wird der Bruchweg peu à peu Stadion, aber es dauert Jahrzehnte:
1949 Bau Tribüne
1951 siebenstufige Stehränge
1953 Rasenplatz
1954 Erweiterung Stehränge, Aschenbahn
1961 Dach für Haupttribüne
1981 Dach für Gegengerade
1995 Flutlicht
1998 Stahlrohrtribünen Stirnseiten
2002 Neubau Haupttribüne
2002 Neubau Gegengerade
2004 Ecktribünen ohne Dach

1989 werden für ein Pokalspiel gegen den FCK erstmals Zusatztribünen gebaut.

Das kostet alles Geld und da Mainz 05 nach dem Krieg immer klamm ist, verfällt man auf die Idee, für den Bau der Stehterrassen die Fans anzupumpen. Der Verein gibt Darlehensscheine a 25 Mark aus, die erst nach zwei Jahren zurückgezahlt werden müssen – und das hilft tatsächlich. Und einmal legt auch die Stadt Geld auf den Tisch wie 1953 das städtische Monatsheft „Das neue Mainz" schreibt: „Seit diesem Sommer hat das Sportfeld dank der Unterstützung der Stadtverwaltung einen Rasen. Durch Beschluß des Deutschen Fußballbundes müssen mit Beginn dieser Saison alle Oberligavereine einen Rasenplatz haben, und so mußte auch Mainz dieses finanzielle Opfer bringen."
Im Mai 1953 beginnen die Arbeiten und bereits Mitte August ist der Rasen bespielbar. „Nun verleiht der grüne Rasen dem großen Sportfeld eine besondere Note", schreibt das städtische Magazin eine Woche nach dem 5:2-Sieg über den FCK im November, als Mainz 05 mit 20000 Zuschauern einen neuen Vereinsrekord verzeichnet.

1. FC. Kaiserslautern - 1. FSV. Mainz 05

Sonntag, den 12. April 1953 in Mainz, Stadion „Am Bruchweg"

afri cola

Groß-Abfüllstelle:

Hermann Arnold O.H.G., Mainz-Wiesbaden

Frauenlobstraße 60

1. Fußball- und Sportverein Mainz 05

Geschäftsstelle: Saarstraße 2 · Telefon 5170

Sportplätze: Stadion am Bruchweg. Tel. 4613

Sonntag, den 15. November 1953

Meisterschaftsspiel 1953/54

1. Fußball- und Sportverein Mainz 05

gegen

1. FC. Kaiserslautern

Beginn 14.30 Uhr

Sporthaus Hako

führt und pflegt,

was der Sportler braucht und trägt

Sporthaus Hako · Mainz · Schusterstr. 10

Weinhaus Postkutsche

Gärtnergasse 28 · Telefon 83-118

Bekannt gute Küche · Eig. Schlachtung · Im Ausschank: naturr. Weine · Binding-Biere

Preis 10 Pf.

Programme für Partien gegen den FCK 1953. Das Spiel links ging im April 1:4 verloren, das rechte wurde 5:2 gewonnen. Unten die Siegermannschaft vom 15. November 1953.

Der nicht mehr für möglich gehaltene Aufstieg am 23. Mai 2004.

205 Bruchwegstadion II

Trübsal, Tragödie und Triumph

Als Mainz 05 am 15. November 1953 den FCK mit 5:2 aus dem Bruchwegstadion fegt, ist das nach den vielen, teils zweistelligen Niederlagen der letzten Jahre gegen die Walter-Elf eine Sensation. Und das vor einer Rekordkulisse von 20 000 Zuschauern. Man kann sich ausmalen, was bei jenem legendären Sieg im Stadion los ist, aber ansonsten gelten die Mainzer Zuschauer damals nach zeitgenössischen Berichten als reserviert, gern auch als Meckerer gegen die eigene Mannschaft und nur selten sollen sie sich in der Stimmung zeigen, das eigene Team nach vorne zu peitschen.

Wer alte Fotos betrachtet, sieht noch einen gravierenden Unterschied zum heutigen Stadiongeschehen, denn die Phalanx der Zuschauer zeigt sich als graue Wand. Viele tragen Anzug, winters Mantel und Hut, und noch in den 60ern sieht man kaum eine Fahne und schon gar keine Schals oder Trikots. Mädchen und Frauen sind noch lange Zeit praktisch gar nicht auf den Tribünen vertreten.

Ein bisschen bunter, wenigstens auf dem Platz, geht es zu, als am Fastnachtssamstag 1954 Professoren der Uni gegen die Stadtverwaltung spielen. 5 000 Zuschauer kommen zu dem Benefizspiel zugunsten des „Studiendanks". OB Stein steht im Tor und schießt den Ball mit einer Theaterkanone, während sich Sanitäter und Rote-Kreuz-Schwestern der medizinischen Fakultät um den gequälten Ball kümmern. Und als der OB einmal nicht auf dem Posten ist,

Zwei Großereignisse: 1954 das Benefizspiel Uni gegen Stadtverwaltung und 1962 der Festakt zu 2000 Jahre Mainz.

überzeugt ein Schluck Wein die Schiedsrichter davon, das Tor zu annullieren. „Das neue Mainz" schreibt: „Das Spiel ging unter den brausenden Helau-Rufen der Mainzer, den Späßen von Peter Frankenfeld vom HR und der spöttischen Ansage Otto Höpfners unentschieden aus."
Ein weiteres, allerdings nicht sportliches Großereignis findet acht Jahre später statt, als im Stadion die große Feier zum angeblichen 2000. Geburtstag der Stadt Mainz über die Bühne geht, In Anwesenheit von Bundespräsident Heinrich Lübke.
Wieviele Teilnehmer sich bei der Feier auf dem Rasen tummeln, ist unklar, aber der Allzeitbesucherrekord wird definitiv am 27. Februar 1965 aufgestellt. Es ist der Fastnachtssamstag und gleichzeitig der 20. Jahrestag der Vernichtung von Mainz, als 24000 Zuschauern ins Stadion zum Pokalviertelfinale gegen den 1. FC Nürnberg kommen. In den ersten Runden werfen die 05er die Bundesligisten Werder Bremen und die Münchner Löwen aus dem Rennen, Letztere sogar in deren eigenem Stadion. Ge-

M. Steinbrecher: Die Abwehr von 1860 München hatte Schwächen

Die Sensation in der 85. Minute: 2:1 durch Tripp!

1860 München — FSV Mainz 05 1:2 (1:1)

1860 München: Radenkovic; Wagner, Reich; Zeiser, Pyka, Luttrop; Heiß, Rebele, Brunnenmeier, Grosser, Steiner. — **Mainz 05:** Planitzer; Mullges, Wassermann; Dutine, Storck, Liebeck; Meyer, Tripp, Zimmer, Sauer, Fuchs. SR: Niemeyer (Bad Godesberg). — Zuschauer: 17 000. — Tore: 0:1 Fuchs (6.), 1:1 Brunnenmeier (27.), 1:2 Tripp (85.).

Dem Mainzer Torhüter Planitzer behagte die ungewohnte Atmosphäre des Flutlichts und des zwar gut präparierten, aber doch sehr tückischen Schneebodens anfangs gar nicht, doch er hatte sich bald gefangen und hielt unter anderem einen der Weitschüsse von Luttrop ganz hervorragend. Eine weitere prächtige Vorlage des in den ersten 45 Minuten besten Spielers, des stets antreibenden Luttrop, prallte an Brunnenmeier unglücklich ab. Immer wieder feuerten die Schlachten-

Die Mannschaft der Saison 1964/64 schafft es bis ins Viertelfinale des DFB-Pokals, nachdem die 05er sensationell die Münchner Löwen in deren eigenem Stadion mit 2:1 besiegt haben. Einer der Helden ist Torhüter Kurt Planitzer, hier auf einem Sammelbild. Nach dem Ausscheiden gegen die „Clubberer" wird der Pokalschreck zwei Tage später dennoch beim Rosenmontagszug gefeiert.

gen die „Clubberer" ist Endstation, die Mannschaft wird beim Rosenmontagszug gefeiert, aber danach geht auch langsam über die Jahre das Zuschauerinteresse zurück.
Da hilft auch die mit der Saison 1975/76 gegründete zweigleisige Zweite Bundesliga nicht. Bei einem damals hohen Etat von 800 000 DM braucht man neben dem Geld von Trikotsponsor Blendax und den 100 000 DM der Stadt Mainz einen Zuschauerschnitt von 8 000, aber das sportliche Mittelmaß ist dazu nicht angetan. Katastrophal wird es in der zweiten Saison, als die Zahlen im Winter auf 2 000 sinken und zum letzten Spiel gegen Völklingen noch 500 Zuschauer kommen. Mainz gibt die Lizenz zurück und geht in die Oberliga.
Es brechen die Zeiten an, in denen mehr Mainzer ins Waldstadion, vor allem aber zum Betzenberg pilgern als hoch zum Bruchweg. Damals entsteht wohl der Mainzer Kultspruch „Isch geh´ nimmer nuff", den die „Bummtschacks" später unsterblich vertonen. Ende der 80er-Jahre soll es in Mainz mehr FCK-Fanclubs geben als solche für die 05er, da hilft auch die zwischenzeitlich 1982 errungene Amateurmeisterschaft nicht.
Über die Jahre pendeln sich die Zuschauerzahlen bei niedrigen bis mittleren Tausenderzahlen ein, und das ist nicht allein der grauen Oberliga Südwest mit Gegnern wie Gummi Mayer Landau, Ellingen-Bonefeld, Wirges oder Auersmacher geschuldet. Erst 1981 bekommt die Gegengerade ein Dach, ansonsten steht man noch bis weit in die 90er auf den sandigen Stehstufen, die mal für Staubwolken sorgen, mal für matschige Füße.
Die Stadt tut nicht viel fürs Stadion, und so gibt es auch lange kein Flutlicht, was im bezahlten Fußball nur mit Ausnahmegenehmigung erlaubt ist. Als die DDR untergeht, will der Mainzer CDU-Bundestagsabgeordnete Johannes Gerster große Leuchtmasten von der Zonengrenze fürs Bruchwegstadion besorgen, aber 1995 steht dann schließlich die erste Anlage. Das Stadion ist nur noch für 13 000 zugelassen, und kurioserweise hat Mainz die größte Kulisse jener Jahre auch nicht im Bruchwegstadion, sondern im Mainzer Volkspark ...

Stadionzeitung vom Heimspiel im April 1989 gegen Wattenscheid. Ein müdes 1:1 vor 4000 Zuschauern und bald darauf der Abstieg in die 3. Liga.

Dort spielen die 05er natürlich nicht Fußball, aber dorthin wird das entscheidende letzte Saisonspiel 1996/97 übertragen, als es in Wolfsburg gegen den Mitaufstiegsaspiranten geht. Im Volkspark schauen mehr als 10 000 zu, als Mainz mit 5:4 verliert. Aber diese Niederlage ist der erste Schritt zum Mainzer Nichtaufsteigermythos mit seinen tragisch-schönen Trauerfeiern bei der Heimkehr der stets in allerletzter Sekunde und stets auswärts knapp gescheiterten Helden.
Nach 96/97 passiert das erneut 01/02 unter dem in der Vorsaison noch als Abstiegsretter vom Spieler zum Trainer gewandelten Jürgen Klopp und dann abermals und noch tragischer und knapper 02/03. Doch das ist nur die Ouvertüre zur größten Stunde des Triumvirats Klopp, Heidel und Strutz.

Eintrittskarten aus drei Jahrzehnten. Kurios die Karte unten rechts auf der Schlake statt Schalke steht. Es ist das Spiel nach dem sieben Schalker und eine Gruppe Mainzer Hooligans für Stunden die Polizei in Atem halten.

Nach Abriss der alten Haupttribüne wird 2002 die neue eingeweiht. Langsam wird Mainz erstligatauglich.

Gut, dass mit den Stahlrohrtribünen an den Stirnseiten nun wieder 15 500 Zuschauer zugelassen sind und 2002 mit neuer Haupttribüne und neuer Gegengerade sogar 18 700. Als am 23. Mai 2004 der kaum noch geglaubte Aufstieg doch noch gelingt, werden zwei Ecken mit Zusatztribünen zugebaut – ohne Dach. Aber das ist denen, die auf diese Art noch an Dauerkarten kommen egal. In glühender Sonne, nass bis auf die Haut oder zugeschneit - alles ist besser als draußen vorm Stadiontor.

Alles ist provisorisch am Bruchweg. Von den Stahlrohrtribünen über das staubig-schlammige Umfeld bis zu den viel zu kleinen Toilettenwagen und viel zu wenigen fahrbaren Wurst- und Bierständen. Dennoch: Es ist stimmungsvoll. In der hochgezüchteten Bundesliga mit ihren hochmodernen Arenen ist der Bruchweg ein Hort alter Zeiten, was viele auswärtige Fans, die man vorm Spiel ganz zwanglos und friedlich an den Bierwagen vorm gegenüberliegenden Einkaufszentrum trifft, manchmal fast neidvoll feststellen.

Gerade Fans aus dem traditionell fühlenden Fußball-Westen sagen gern anerkennend übers Bruchwegstadion: „Das ist wie bei uns früher." Da gehen bei manchen Gästen die Gedanken zurück an die Glückauf-Kampfbahn oder an die Rote Erde. Und solcherlei Lob traditionsschwerer, angejahrter Kuttenträger macht den Mainzer Liga-Neuling ein bisschen stolz, selbst wenn er tief im Schlambes steht.

Dergestalt gehen auch heute bei manchem nunmehr altgedienten 05ern die Gedanken zurück an alte Bruchwegzeiten. An die immer ausverkauften Bundesligaspiele, wenn die Steher und die Fans auf den anderen Blechtribünen infernalischen Lärm entfachen und die Mannschaft unerbittlich nach vorn treiben. Da kommt heute etwas Wehmut auf, wenn der Blick in die an manchen Wintertagen nur etwas mehr als halbgefüllte Arena fällt.

Aber Wehmut ist das eine, die Realität im Hier und Jetzt das andere. Denn ohne die Arena wäre Mainz 05 wahrscheinlich längst nicht mehr in der 1. Liga.

Bruchwegstadion mit Zusatztribünen, das ist der maximale Ausbauzustand des Bruchwegstadions bis zum Umzug in die Arena an der Eugen-Salomon-Straße 1.

Das Fort Hartenberg wird um 1830 gebaut, später verstärkt. Reste finden sich noch im Hartenbergpark.

206 Hartenberg I

Heimat der Mainzer Schützen

Dass in Mainz bei Erdarbeiten gern mal Zeugnisse der Vergangenheit auftauchen, ist nichts Besonderes. Das Erdreich gibt Römisches und Mittelalterliches preis, und meist sind es steinerne Zeitzeugen, weshalb das, was 2018 auf dem Hartenberg ans Licht kommt, für gehörigen Schrecken sorgt. Bereits ein Tag nach dem ersten Spatenstich fürs neue Schützenhaus legt der Bagger beim Aushub ein Massengrab mit den sterblichen Überresten von über tausend Toten frei.

Der grausige Fund öffnet ein Fenster in furchtbare Zeiten, als Napoleons geschlagene Armee nach Westen zurückflutet, Zuflucht in der Festung Mainz sucht und das Fleckfieber einschleppt. Als Mainz ab Januar 1814 für mehrere Monate von Russen und Preußen eingeschlossen wird, rafft der „Typhus de Mayence" 16000 französische Soldaten dahin, aber auch 2500 Mainzerinnen und Mainzer, zehn Prozent der Bevölkerung. Die Seuchenopfer werden in Massengräbern bestattet, so auf dem Hartenberg draußen vor der Stadt.

Seit 1903 hat die Schützengesellschaft von 1862, einer der ältesten Vereine der Stadt, an der damaligen Mainzer Straße, heute Am Fort Gonsenheim, ihr prächtiges Schützenhaus mit Gastronomie und Biergarten. Es ist ein beliebtes Ausflugziel, zumal bis 1923 in der Nähe, an der heutigen Straße An der Allee, die Dampfbahn nach Gonsenheim hält. Als 1920 in Mainz die Fastnacht untersagt wird und lange nicht mehr in Gang kommt, gibt es hier vor der Stadt gelegentlich Fastnachtsfeiern.

Seit 1903 hat die Schützengesellschaft von 1862 auf dem Hartenberg ihr Schießhaus.

Das Schützenhaus ist mit seinem schönen Biergarten auch ein beliebtes Ausflugsziel.

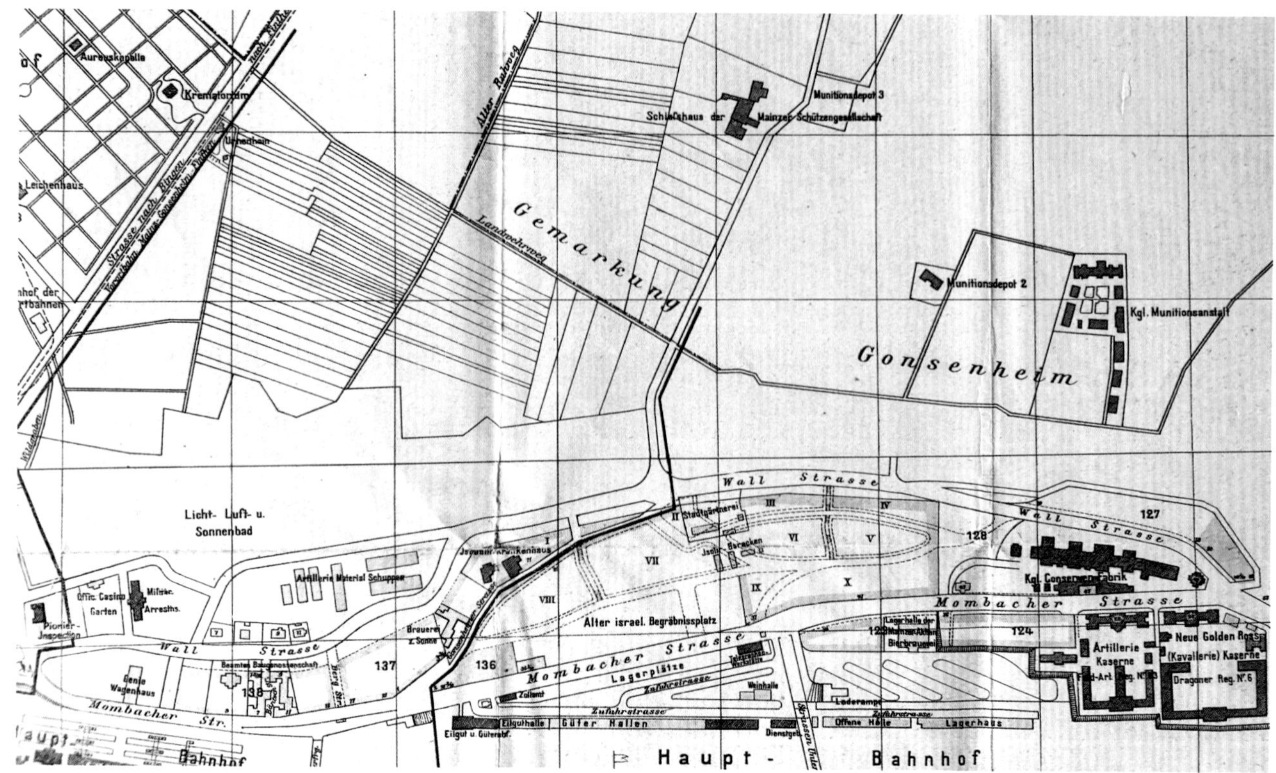

Stadtplan von 1914: unten der Bahnhof, links oben der Hauptfriedhof, dazwischen der Hartenberg auf Gonsenheimer Gemarkung, die bis Bruchweg und Judensand reicht. Oben Mitte das Schützenhaus.

Im Zweiten Weltkrieg wird das schöne Gebäude zerstört, und erst 1960 steht das neue Schützenhaus. Als das nach über 50 Jahren nicht mehr zeitgemäß ist, verfallen die Schützen auf die Idee, ihr traditionsreiches Gelände zu verkaufen, um ins Hechtsheimer Gewerbegebiet überzusiedeln. Das scheitert aber, man bleibt auf dem Hartenberg, verkauft einen Teil des großzügigen Areals und tauscht mit der Stadt etwas Gelände. Letzteres hat aber einen dicken Haken, denn genau dort stößt der Bagger auf das Massengrab.

Da die Toten nicht umgebettet werden können und die Gebeine nicht beschädigt werden dürfen, gibt es Baustopp und Umplanung, was das Projekt um 400.000 Euro verteuert. 2021 wird die hochmoderne Schießanlage eröffnet.

Schräg gegenüber dem Schützenhaus ist auf dem Stadtplan von 1914 ein Munitionsdepot eingezeichnet, das aber nicht den Schützen gehört, sondern zur Festung. Das Depot trägt die Nr. 3, ein paar Hundert Meter weiter liegt Nr. 2 in unmittelbarer Nachbarschaft zur Königlich Preußischen Munitionsanstalt, heute „Alte Patrone".

Das Militär beansprucht einiges an Gelände auf dem Hartenberg, nachdem wegen der Anlage der Neustadt ab 1872 der Festungswall weiter um die Stadt herumgezogen wird. So entsteht entlang der Hangkante, an der heutigen Wallstraße, der westliche Teil des Rheingauwalls mit mehreren Kavalieren und Forts, bevor er schließlich am Fort Hartenberg nach Osten zum Rhein abknickt.

Obwohl der Wall schon bald nach der Jahrhundertwende aufgegeben wird und verbliebene Anlagen nach dem 1. Weltkrieg geschleift werden müssen, überleben ein paar Bauwerke – das Kavalier Hauptstein unterhalb des King-Parks, die Kavaliere Prinz Holstein und Hartenberg an der Wallstraße, Reste des Fort Hartmühlenweg im Hartenbergpark und ein Teil des Gonsenheimer Tores am SWR. Das Fort Hartenberg wird nach dem Ersten Weltkrieg

Die frühere Munitionsfabrik und heutige Alte Patrone dient in der NS-Zeit für Kinderfreizeiten.

Der Schlafsaal des Kinderheims.

gesprengt, allerdings werden die Trümmer erst um 1964 weitestgehend beseitigt. Nun kann nicht mehr gesprengt werden und so trägt man die Trümmer ab oder schüttet sie zu.
Bis dahin sind die Ruine des Forts und die teils noch zugänglichen unterirdischen Gänge ein verbotener, aber umso beliebterer Abenteuerspielplatz – genannt die Eierburg. Dieser Name findet sogar Eingang in das Adressbuch 1952, und zumindest teilweise ist die Eierburg auch bewohnt. Wahrscheinlich sind es Notquartiere oder kleinere Firmen.
Überlebt hat auch die oben bereits erwähnte „Alte Patrone", ein Geviert einstöckiger Bauten in zweiter Reihe hinter der Straße Am Judensand, das vom Ende des 19. Jahrhunderts stammt. Nach dem Ersten Weltkrieg nutzen die französischen Besatzer die Bauten, später richtet dort die NS-Volkswohlfahrt (NSV) ein Kindererholungsheim ein. Nachdem die Nazis die in der Fürsorge führende Arbeiterwohlfahrt verbieten, Rotes Kreuz, Diakonie und Caritas zurückdrängen, macht sich die NSV mit ihrer „völkischen Sozialpolitik" breit. Gleich nach dem Krieg dienen die Gebäude der alten Munitionsanstalt als Notwohnungen oder werden ausgebombten Firmen zugewiesen.
Die Straße Am Fort Gonsenheim, die von der Wallstraße bis zur Einmündung An der Allee quer über den Hartenberg führt, weist auf das

Kaffee Rosenhof bei Mainz. Bes.: Franz Schnittker.

Blick von der Terrasse.

Das Café Rosenhof ist einst ein beliebtes Ausflugslokal. Das Gebäude existiert noch.

einst hier gelegene, gleichnamige Festungsbauwerk hin. Die Gegend ist, wie es der Plan von 1914 zeigt, bis auf das Munitionsdepot und das Schützenhaus praktisch nicht bebaut, stattdessen gibt es hier nur Obstbäume und Wiesen, durch die die Vorortebahn nach Gonsenheim dampft.

Es gibt hier auch noch ein Ausflugslokal, das Café Rosenhof von Franz Schnittker. Das Gebäude liegt heute An der Allee, da es diese Straße in den 20er-Jahren aber noch nicht gibt, lautet die Anschrift laut dem Adressbuch von 1925 Mainzer Straße, die heutige Straße „Am Fort Gonsenheim".

Das Fort Gonsenheim wird nach dem Ersten Weltkrieg gesprengt, die Trümmer abgetragen.

Auf den Trümmern des Forts entsteht das Katholische Jugendwerk. Hier werben bei einem Fest an Fronleichnam 1933 Mitglieder der Sturmschar für die katholische Jugendzeitung „Junge Front".

Das gleichnamige Fort wird wie die meisten anderen Festungsbauten nach dem Ersten Weltkrieg abgetragen, und an seiner Stelle entsteht eine Institution der Mainzer Jugendarbeit – das Katholische Jugendwerk, ein „Kernstück katholischer Aktion", wie es damals heißt.

Das 60000 Quadratmeter große Gelände wird im Februar 1930 von der Stadt gepachtet, eine „noch mit Betontrümmern, Geröll und Schutt übersäte und von tiefen Gräben durchzogene Ruinenstätte des geschleiften Forts", so ein Bericht von 1932 und weiter: „Die Katholische Jugend der Diözese brauchte Raum zu Sport und Spiel, Raum zum Tagen und Zelten, Raum für Freizeit und Sammlung." Jugendpfarrer Niklaus wirbt für die Idee, die von allen katholischen Vereinen, Organisationen und Pfarreien der Stadt unterstützt wird, „sodaß man wagemutig und gläubigfroh das Katholische Jugendwerk e.V. Mainz gründet.

Ein von der katholischen Jugendorganisation Mainz gegründeter „Freiwilliger Arbeitsdienst" wendet sich vor allem an Jugendliche, die in der damaligen Weltwirtschaftskrise ohne Arbeit sind, und das Werk gelingt. Erst wird das Gelände eingeebnet, dann werden Wege angelegt, ein Brunnen erschlossen und schließlich entstehen eine Freilichtbühne und eine große Sportanlage. Dazu gehören ein großes Fußballfeld, ein kleinerer Sportplatz, drei Tennisplätze, aber auch fünf Hallen. Eine Wirtschaftshalle, eine weitere mit Umkleidekabinen, eine für Obdachlose und Wanderer, eine für die Tennisabteilung sowie eine für Versammlungen, Tagungen und Gottesdienste. Auf der Freilichtbühne wird in Zusammenarbeit mit dem Stadttheater vor Tausenden Zuschauern Calderons „Geheimnisse der heiligen Messe" aufgeführt.

Die katholische Jugend ist auch und gerade nach der Machtergreifung der Nazis sehr aktiv, bietet trotz aller Anfeindungen allen Jugendlichen, die sich nicht in der Hitlerjugend gleichschalten lassen wollen, eine Heimat. Kein Wunder, dass die Nazis diesen Hort des Andersseins und des Widerstands ausschalten. Schließlich verfügen Oberbürgermeister und Kreisleiter die Schließung des Jugendwerks und die Beschlagnahme von Vermögen und Inventar. Das Gelände verfällt, „und als im April 1945 die katholische Jugend wieder an ihre beliebte Sport- und Erziehungsstätte zurückkehren konnte, stand sie erneut von Ruinen".

Das Barackenlager Anfang der 60er Jahre zwischen Am Judensand und Wallstraße.

207 Hartenberg II

Neubeginn in Baracken

Der Hartenberg ist bis in den Zweiten Weltkrieg hinein ein beliebtes Ausflugsziel. Das Schützenhaus mit Gartenlokal und das nahe gelegene Café Rosenhof sind Ziele, die Neustadtkinder lieben die Reste der alten Forts als Abenteuerspielplatz und dann gibt es noch das Licht-, Luft und Sonnenbad. Das liegt da, wo sich heute das Taubertsbergbad findet, nur eben ohne Wasser. Wer schwimmen will, muss in die Rheinschwimmbäder, zu Watrin oder Schell, hier am Hartenberg gibts „nur" Licht, Luft und Sonne. Vielen reicht das: 1940 werden an manchen Tagen 3 000 Besucher gezählt.
Doch schon bald ziehen auch hier düstere Zeiten auf, richtet die Wehrmacht zwischen Am Judensand und Wallstraße, in etwa auf dem heutigen Gelände von SWR und Berufsschulen, ein Barackenlager ein. Eingewiesen werden in das Wehrmachtsstraflager geflüchtete Kriegsgefangene verschiedener Nationen, die vom Landesschützenbataillons I/776 bewacht werden. Solche Einheiten bestehen aus Soldaten älterer, nicht mehr fronttauglicher Jahrgänge und verwundeten, aber heimatdienstfähigen Soldaten, die für Sicherungsaufgaben eingesetzt werden. Das I/776 liegt in der Dragonerkaserne am Rheingauwall, also ganz in der Nähe der Baracken.
Ein Luftbild vom 13. Februar 1945 zeigt das Lager weitgehend unbeschädigt. Unklar aber, ob es auch dem Angriff vom 27. Februar 1945 komplett übersteht. Möglicherweise sind zu-

Auf dem Stadtplan von 1954 sind die bebauten Flächen orange unterlegt, der Hartenberg ist also noch weitgehend unbebaut.

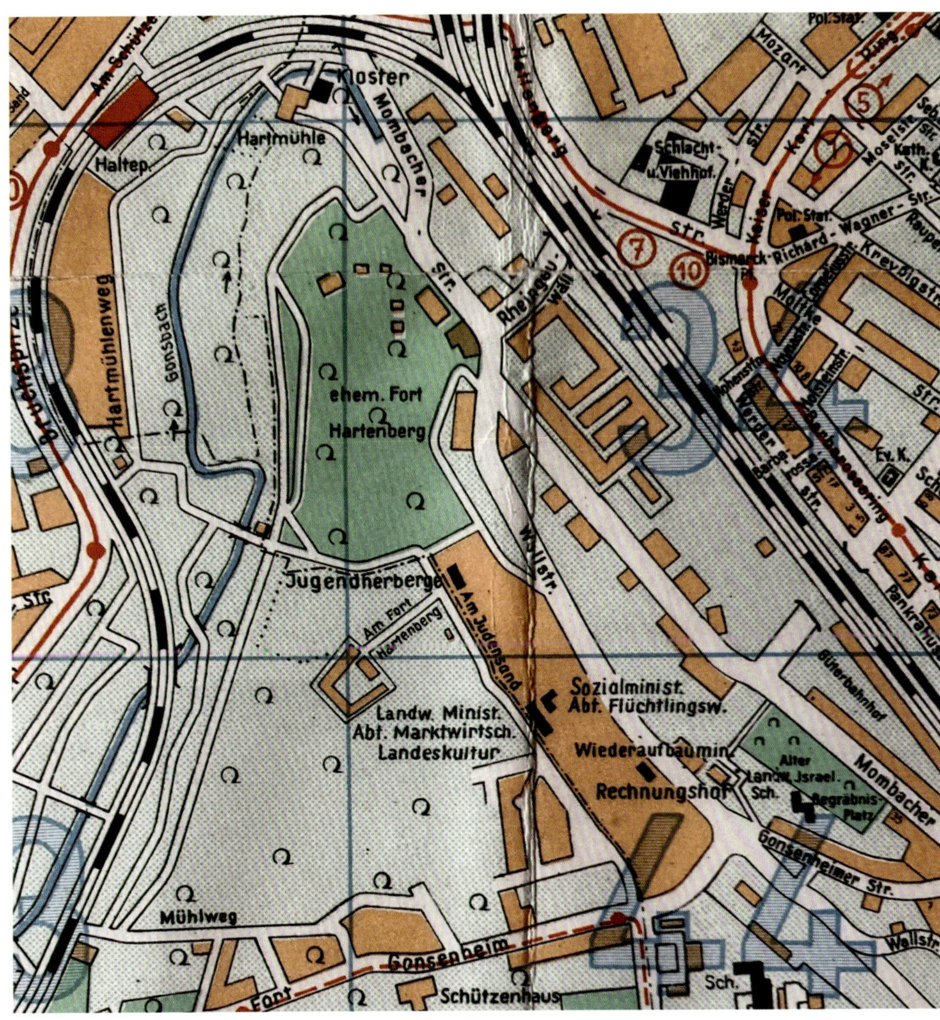

mindest einige der flachen Holzbauten Kern des Barackenlagers, das bald nach dem Krieg an gleicher Stelle steht. Dieses sogenannte Wiederaufbaulager, übrigens nicht das einzige dieser Art in der Stadt, bietet vielen ausgebombten Mainzern Quartier.

Zunächst einfachst ausgestattet, zudem eng, mit bisweilen schlammigen Wegen zwischen den Baracken, verbessern sich nur langsam die Verhältnisse. Denn bald wird den Bewohnern wie der Stadt klar, dass das Lager keine Übergangslösung ist. Der Wohnungsbau kommt in größerem Umfang erst um 1950 in Gang, und wer eine Bleibe hat – und sei es auch nur in einer Baracke – muss bei der Belegung der neuen Wohnungen erst einmal zurückstehen.

Also richten sich viele Bewohner auf Dauer ein, es etabliert sich eine Kneipe und in einige Baracken ziehen sogar Behörden ein. So findet sich dort eine Abteilung des Landwirtschaftsministeriums, die Abteilung Flüchtlingswesen des Sozialministeriums und das Wiederaufbauministerium. Noch bis weit in die 60er stehen die Baracken, und es sind nicht die Ärmsten, die da leben, denn auf Fotos sieht man zahlreiche Autos, damals noch nicht für jedermann selbstverständlich.

Weiter in Richtung Fort Gonsenheim stehen einstöckige Siedlungshäuschen mit Satteldächern für die französische Besatzungsmacht. Sie werden später an Mainzer Familien vermietet und zu einem kleinen Idyll, wie sich damalige Bewohner erinnern. Die meisten dieser hübschen Siedlungshäuschen werden aber ab Mitte der 60er erst für den Bau der Berufsschulen und später für das 1971 eröffnete Fernseh-

Das Leben in den Baracken ist nicht einfach, aber viele Bewohner leben dort ein Jahrzehnt und länger.

betriebsgebäude des Südwestfunks abgerissen, nur wenige halten etwas verloren am Rand des Geländes bis Anfang der 70er-Jahre durch. So groß die Probleme für die Mainzerinnen und Mainzer sind, eine Unterkunft zu finden, so schwierig ist es auch für Durchreisende, insbesondere für junge Leute, die wandernd oder radelnd ihre Heimat erkunden. Aber im September 1949 eröffnet am Ende des Barackenlagers am Judensand die Jugendherberge „Am Fort Hartenberg". Es sind zwei einfache Baracken mit großen Räumen, in denen es ausschließlich Doppelstockbetten gibt, jedes mit Strohsack und Wolldecke.

Es ist die dritte Mainzer Einrichtung dieser Art seit Gründung der Ortsgruppe Mainz des Verbands Deutscher Jugendherbergen im September 1920. Schon im Dezember jenes Jahres wird in der Wärmehalle an der Münsterstraße die erste Jugendherberge mit 16 Betten und 16 Strohlagern eingeweiht, aber nur für männliche Wanderer. Die erste Unterkunft für Mädchen gibt es ab Juni 1921 in Gestalt eines Zimmers über der Blindenanstalt in der Rosengasse.

Etwa da, wo heute der SWR seinen Sitz hat, entstehen Ende der 40er zahlreiche von Siedlerhäuschen.

Manchmal staubige, manchmal schlammige Wege führen durch die kleine Siedlung.

In dieser Baracke befindet sich viele Jahre die Mainzer Jugendherberge.

Doch der Ansturm junger Wandervögel auf Mainz als Anfangs- oder Endpunkt romantischer Rheinwanderungen verlangt nach einer größeren Mainzer Lösung. Und so stellt die Stadt Mitte der 20er die 1822 gebaute Neumühle im Gonsbachtal zur Verfügung, die für 120 Betten ausgebaut wird. Lange bleibt sie aber nicht Jugendherberge.

Erst reißt sich die Hitlerjugend die Neumühle unter den Nagel, bis sie 1942 nach Zerstörung des Invalidenhauses zum provisorischen Altersheim wird. Das bleibt sie bis 1956, und in jenem Jahr endet auch die Barackenzeit der Herberge auf dem Hartenberg: Am 30. April wird am Volkspark die neue Jugendherberge eröffnet. Die städtische Zeitschrift „Das neue Mainz" schreibt damals: „Mit dieser neuen Herberge wird einem dringenden Bedürfnis Rechnung getragen, denn bisher mussten viele jugendliche Wanderer, die in Mainz eine Übernachtung suchten, weiterziehen, weil die Jugendherberge ständig überfüllt war."

Einen Andrang in ganz anderen Dimensionen erlebt im September 1948 das nicht weit entfernte Katholische Jugendwerk am Fort Gonsenheim. 100 Jahre nachdem in Mainz der erste Deutschen Katholikentag stattgefunden hat, markiert diese Septemberwoche wieder einen Neuanfang, ist es doch die erste Generalversammlung nach jener 1937 in Essen. Und weil Geld knapp ist, finanziert man das Großereignis mit dem Verkauf von Plaketten, die bei der

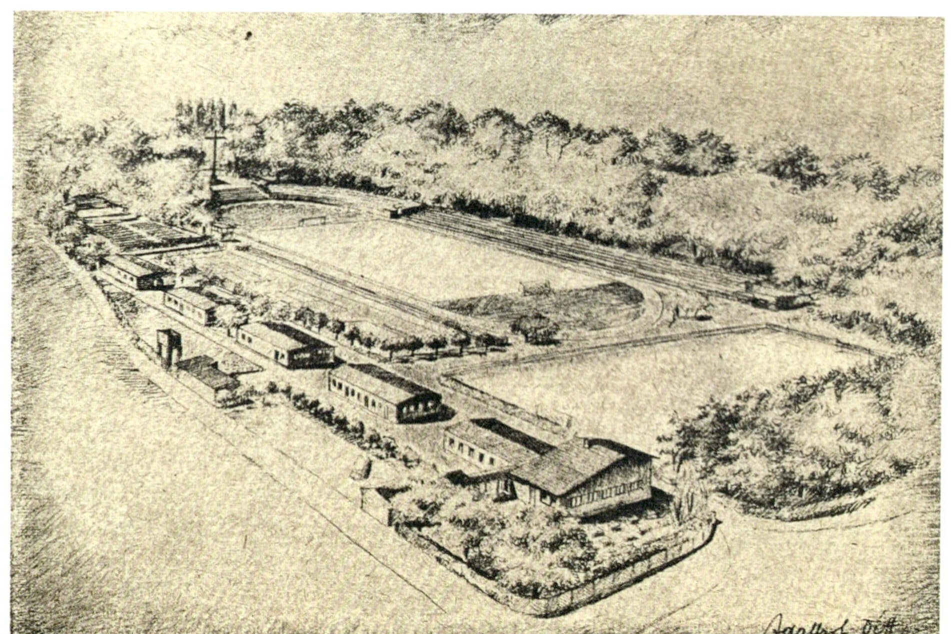

Plan für den Wiederaufbau des im Krieg zerstörten Jugendwerks.

Das Gebäude am Eingang des Jugendwerks, das mit einer Darstellung des Heiligen Michael geschmückt ist, beherbergt im Erdgeschoss eine Gaststätte.

Firma Berg in Budenheim gestanzt werden – eine Idee, die die Mainzer Narren zwei Jahre später als Zugplakettchen für den ersten Rosenmontagszug aufnehmen.

„Nicht klagen – handeln", heißt das Motto des 72. Katholikentags, bei dem laut dem jungen Nachrichtenmagazin „Der Spiegel" eine ungewöhnliche Tonart angeschlagen wird: „Daß die Kirche eine Kirche der Armen sein müsse." Jesuitenpater Ivo Zeiger von der vatikanischen Mission habe in einem Vortrag jene angegriffen, die eine neue politische Zielsetzung mit dem Wort „christlich" verbrämten: „Es schien dabei, als habe er weniger die christlichen Marxisten als die christlichen Kapitalisten im Auge."

Der sonntägliche Schluss- und Höhepunkt des Katholikentags erlebt einen Andrang, der selbst für ein vollkommen intaktes Gemeinwesen eine Herausforderung gewesen wäre, aber Mainz liegt in Trümmern, hat kaum Infrastruktur – und dann kommen 200 000 Menschen.

Postkarte vom Deutschen Katholikentag 1948.

Der Andrang zum Abschlussgottesdienst ist gewaltig.

Die Notbrücke zwischen Kastel und Kaiserstraße, der einzige Straßenübergang über den Rhein, muss immer wieder gesperrt werden, so gewaltig ist der Andrang. Und am Hauptbahnhof steigen aus 37 Sonderzügen 60 000 Besucher.

Schon morgens um neun Uhr drängen sich 100 000 Katholiken zur Messe auf dem Platz am Katholischen Jugendwerk mit dem erhöhten Altar und dem hochragenden hölzernen Kreuz. Und es kommen bis zum Nachmittag immer mehr. Höhepunkt ist die Übertragung der Rede von Papst Pius XII.

„Der Spiegel" schreibt: „Als der Lautsprecher die Rede ankündigte, lag Stille über der Stadt. Tot lagen die Straßen da. In der Aula der Universität, im Dom, in der Stephanskirche und an den Radios zu Hause saßen Millionen und lauschten dem Geläut der Glocken von St. Peter." Der Papst, der als apostolischer Nuntius achtmal auf Katholikentagen gesprochen hat, spricht deutsch. Und es „ist das erste Mal in der Geschichte, daß ein Papst in deutscher Sprache zum deutschen Volke sprach".

Als er den apostolischen Segen erteilte, hätten auf jedem der 60000 Quadratmeter drei Gläubige gekniet, schreibt das Magazin „weit mehr als doppelt so viel Menschen wie Mainz Einwohner hat".

Blick auf die Ludwigsburger Straße und das kleine Einkaufszentrum. Hinten links das Oblatenkloster.

208 Hartenberg III

Der erste Stadtteil nach dem Krieg

Als die Mainzerinnen und Mainzer zu Silvester 1959 in die 60er hineinfeiern, ist ein Dach überm Kopf lange nicht für alle eine Selbstverständlichkeit. Noch knapp 15 Jahre nach Kriegsende sitzen Hunderte Menschen in Wohnbaracken. Aber nicht nur dort: „In Bunkern, in Kasematten ehemaliger Befestigungsanlagen, in Kellern, Gartenlauben, einsturzgefährdeten Ruinen, Wohnwagen, Bretterbuden und sonstigen Notbehausungen müssen Männer, Frauen und Kinder leben, zum Teil ohne die primitivsten sanitären Einrichtungen", schreibt Wohnungsdezernent Karl Delorme im August 1960 in einem Beitrag für die städtische Zeitschrift „Das neue Mainz". Trotz aller Bemühungen seien es zurzeit noch fast 800 Familien, die in solchen Elendsquartieren hausen.

Delorme erkennt den sozialen Sprengstoff des Baracken- und Bunkermilieus. Oft würden die Menschen als Asoziale bezeichnet, schreibt er, aber „nichts ist falscher". Fast immer seien es achtbare Familien, die unverschuldet in diese Verhältnisse geraten seien: „Ausgebombte, die lieber hier Unterschlupf suchten, als weiter in einem fremden Dorf zu leben, junge Ehepaare, die die Hoffnung aufgegeben haben, eine normale Wohnung zu erhalten."

Die Notbehausungen sind zwar die schmerzhafteste, aber doch nicht die einzige Facette des Wohnungsproblems. Es gibt auch noch die immer mehr verfallende Altstadt mit ihren dunklen Wohnungen, oft ohne Bad oder gar WC, mit Kohleöfen, zugigen Fenstern, Schimmel und Schwamm. Und wer eine ordentliche

Bis in die 60er-Jahre müssen Mainzer, wie hier auf dem Hartenberg, in Baracken leben.

Wohnung hat, der muss sie nicht selten noch bis Ende der 50er-Jahre mit vom Wohnungsamt zugewiesenen Fremden teilen.
Ein Lichtblick ist der seit 1950 in Gang gekommene Wohnungsbau, allen voran die städtische „Gesellschaft zur Errichtung von Kleinwohnungen", ab 1962 „Wohnbau Mainz", die ganz besonders in der Neustadt viele Wohnblocks errichtet. Vielen erscheinen sie heute als schlicht, aber damals sind sie für viele Menschen, die aus den beschriebenen prekären Wohnverhältnissen kommen, das wahre Glück: Bad und WC, Balkon, Grün vor und hinter den Häusern. Zwar werden in Mainz bis 1960 rund 21000 Wohnungen gebaut, aber das reicht nicht, denn die Stadt rangiert beim Einwohnerzuwachs in jenen Jahren bundesweit an erster Stelle, und es kommen immer mehr Menschen: Wichtigster Grund ist die boomende Wirtschaft in Mainz, dann zieht es die immer noch zahlreichen Bomben-Evakuierten endlich in ihre Heimatstadt zurück und auch der Babyboom macht sich bemerkbar. Von 1962 bis 1969 liegt der Zuwachs bei 21276 Personen oder 15,6 Prozent, erzielt durch den Geburtenüberschuss von 4379 Neubürgern und einem (Zu-)Wanderungsgewinn von 16897 Menschen.
Doch der Platz in der Kernstadt ist ausgereizt, neue Flächen müssen erschlossen werden. Im April 1959 verkündet OB Stein die geplante

Ein Schild kündigt den Bau des neuen Stadtteils Hartenberg an.

Auch wenn der Starenweg auf diesem Regenbild der 60er trist wirkt, ist die offene Bauweise mit dem vielen Grün ein Fortschritt für die damalige Zeit.

Am Fort Gonsenheim entstehen Anfang der 60er-Jahre kleine Wohnblocks …

… während gegenüber die Schützengesellschaft 16 Jahre nach der Kriegszerstörung ihres Schützenhauses ein neues baut.

1964 wird in der Jakob-Steffan-Straße 39 dieses Studentenwohnheim gebaut.

Bebauung des Hartenberg-Gebiets, ein Jahr später steht der Bebauungsplan und ein weiteres Jahr später schon die ersten Wohnblocks. Ein Tempo, das heute – obwohl wieder Zeiten von Wohnungsnot herrschen – unvorstellbar ist. Zu viele Regeln, zu viele Bedenken, zu viele Gegner.

Der Bebauungsplan „Auf dem Hartenberg" sieht 31,1 Hektar Bauland vor, von dem nur 18,8 Hektar bebaut werden, also ein Stadtteil mit für damalige Verhältnisse viel Grün. 269 Gebäude mit 1094 Wohnungen sollen entstehen, unter anderem 46 Einfamilienhäuser, elf Doppelhäuser, 121 Reihenhäuser, 78 Wohnblocks viergeschossig sowie sieben Hochhäuser, eines mit zwölf Etagen. Alles in allem für 3500 bis 3800 Bewohner, doch im Endzustand soll das Wohngebiet etwa das Drei- bis Vierfache an Einwohnern zählen.

Ein Jahrzehnt später heißt es dazu in einem Mainz-Buch: „Die Bevölkerung der Hartenberg-Siedlung weist eine weitgefächerte soziale Struktur auf. Höhere Angestellte oder Selbstständige wohnen vor allem in den drei Hochhäusern, die Reihenhäuser wurden bevorzugt von mittleren Angestellten und gut verdienenden Arbeitern gebaut, während die relativ preisgünstigen Wohnblocks in der Regel einkommensschwächeren Schichten vorbehalten sind."

Hochhäuser als Wohntrend der Besserverdiener sind bald passé, der Trend geht rasch zum Eigenheim, besonders der Bungalow, ob in Reihe oder einzeln stehend, ist ab Mitte der 60er-Jahre bevorzugt. Mit Garten, Terrasse und natürlich mit einer Garage, auf deren Vorfahrt man den Opel Rekord oder den Ford Taunus gut sichtbar parken kann. Das braucht Raum, weshalb der Hartenberg nur ein Anfang ist, ab den 60ern entstehen Schlag auf Schlag immer neue Siedlungen: Berliner Siedlung, Südring in Bretzenheim und Westring in Mombach, der Lerchenberg, später noch Wildpark und Römerquelle, die allerdings nicht mehr die Haustypen und Wohnformen mischen, sondern mehr Satellitenstädten gleichkommen.

Der Hartenberg wird so ausgestattet, dass die Bewohner alles Nötige in ihrem Stadtteil finden: Es gibt ein kleines Einkaufszentrum, wobei ein zunächst geplantes Kino flachfällt, eine Volksschule am Ende des Judensands (heute steht dort eine Wohnanlage), Kindergärten, dazu zwei Kirchen und mit der Linie 19 auch eine direkte Busverbindung in die Stadt.

Auf dem Hartenberg baut die Stadt auch ein großes Studentenwohnheim. Bei rund 6000 Studenten an der Uni 1962 leben 750 in Wohnheimen, die meisten von ihnen in den Bauten des Mainzer Kollegs in der Uni, aber mehr und mehr entstehen Unterkünfte auch außerhalb des Campus, so das damals größte und modernste Wohnheim der Stadt in der Jakob-Stef-

Blick Anfang der 60er-Jahre aus einem Siedlungshäuschen am Judensand, wo heute der SWR seinen Sitz hat, zur Finkenstraße. Vorn Ford Taunus vierte Serie ab 1959, dann Opel Rekord P1 Caravan und VW-Bus T1.

fan-Straße 39, das 1964 für zwei Millionen DM erbaut wird. Für 132 Studenten.
Von den 13 Etagen dienen Parterre und Dachgeschoss den großen Gemeinschaftsräumen, in den elf anderen gibt es jeweils zehn Einzel- und zwei Doppelzimmer, jedes Zimmer mit einem durch einen Vorhang abgetrenntes Waschbecken, Stauraum für Koffer und Wäsche, Arbeitsplatte vorm Fenster, daneben Bett und Bücherregal. Jedes Stockwerk hat einen Gemeinschaftsraum mit Balkon, dazu je Stockwerk Teeküche mit Kochstellen und Kühlschrank. Das Studentenwerk bewirtschaftet das Haus, ohne Pacht an die Stadt zahlen zu müssen. Die Mieten betragen 65 DM für Einzel- und 105 DM fürs Doppelzimmer.
Zu Beginn der 60er-Jahre entstehen noch zwei weitere große Komplexe auf dem Hartenberg. Das eine ist das evangelische Gemeindezentrum, die Auferstehungsgemeinde, die bei ihrer Einweihung durch Kirchenpräsident Niemöller Ende 1962 noch umgeben ist von Siedlungshäuschen und Baracken. Das weite, helle Betonflachdach des Kirchenbaus überdeckt teilweise die drei niedrigen umgebenden Satellitenbauten mit Pfarr- und Gemeindehaus, Schwesternhaus und Kindergarten, nimmt sie damit in den Komplex auf, um ihn doch zu dominieren. Einzig der Glockenturm steht für sich allein. So markant die Auferstehungskir-

Die Auferstehungskirche steht in den 60ern noch frei.

In diesem Bahnwaggon leben die Patres, die ab 1961 das Oblatenkloster aufbauen. 1978 ist der Krakauer Kardinal Karol Wojtyla (4.v.r.) zu Gast, wenige Monate später ist er Papst Johannes Paul II.

che noch immer ist, so sehr hat ihre Wirkung durch die Umschließung mit den Bauten des Südwestfunks ab 1970 gelitten.

Der zweite kirchliche Komplex ist das Oblatenkloster St. Rabanus Maurus am Drosselweg mit der anschließenden gleichnamigen Kirchengemeinde am Judensand, das 1961 eingeweiht wird. 1964 leben hier 48 Missionare, hat auch die deutsche Provinzleitung der Oblaten ihren Sitz, der Verlag und der Marianische Missionsverein. Doch 2016, im Jahr des 200-jährigen Bestehens der Oblatenmissionare, wird das Kloster geschlossen, weil es für die 16 verbliebenen Brüder, zwölf davon im Rentenalter, zu groß und im Unterhalt zu teuer ist. Während man das Provinzialat nach Hünfeld verlegt, wird das Kloster geschlossen und abgerissen. Dort steht nun unter dem Namen „Klostergarten" eine Anlage mit 156 Eigentumswohnungen. Und weiter unten, am Ende des Judensand, wo einst die Volksschule liegt, da gibt es ebenfalls viele neue Wohnungen. Der Hartenberg verjüngt sich.

Ob jemals jemand diese etwas karg wirkende Ansichtskarte des Hartenbergs verschickt hat?

1968 ist der Blick zum Taubertsberg noch nicht von der Hochstraße zugebaut.

209 Wallstraße I

Am Taubertsberg

Zu den Straßennamen, die praktisch in jeder Stadt vorkommen, gehört die Wallstraße. Und zwar überall dort, wo es eine Stadtbefestigung gegeben hat. Die am Inneren der Wälle verlaufenden Wege erhalten diesen Namen und markieren bis heute den einstigen Verlauf der Befestigung. In Mainz heißt bis 1890 die spätere Dagobertstraße so, ab 1890 erhält die heutige Wallstraße den Namen. Sie führt am Rande des Hartenbergs entlang. Genauer gesagt von der Binger zur Mombacher Straße, vom Binger über das Gonsenheimer zum Mombacher Tor.
Die Wallstraße entsteht, weil ab Mitte der 1870er die Befestigungsanlagen wegen des Baus der Neustadt in größerer Entfernung um Mainz herumgezogen werden. Verlaufen die Wälle bis dahin auf der Trasse der heutigen Alicen-, Parcus- und Kaiserstraße, schwenkt der neue Rheingauwall Richtung Westen. Er folgt dem Rand des Hartenbergs, fällt zur Mombacher Straße ab, um entlang der Straße Rheingauwall und über das heutige Schottgelände den Strom zu erreichen.
Nicht nur der Wall mit seinen Anlagen prägt die Straße militärisch. Am Beginn, wo das alte Erasmus-Druck- bzw. Conradgebäude steht, hat einst die Pionier-Inspection ihren Standort, dahinter liegen Offizierscasino-Garten und Militär-Arresthaus, beides etwa dort, wo sich nun das Ärztehaus MED und ein Teil des Taubertsbergbads finden. Entlang des kurvigen Teils der Straße liegt das Artillerie-Materiallager und am Ende, fast an der Mombacher Straße, die Militär-Conserven-Fabrik.
Die Franzosen nützen in der Besatzungszeit der 20er-Jahre einen Teil der Militäranlagen,

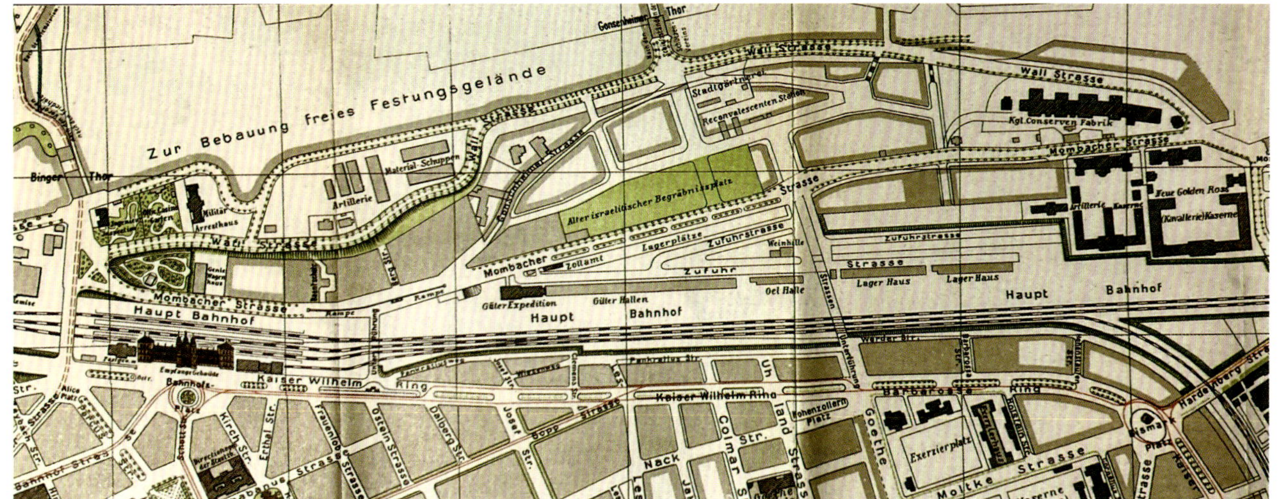

Die Wallstraße schlängelt sich 1910 zwischen Binger (l.), Gonsenheimer (o. M.) und Mombacher Tor (r.).

Das Militärarresthaus wird auch von den französischen Besatzern genutzt.

und dort kommt es am 29. Januar 1929 zu einer Brandkatastrophe, als morgens um drei Uhr die 60 Meter lange zweistöckige Autohalle an der Wallstraße in hellen Flammen steht. Die Mainzer Feuerwehr rückt an, was dann passiert, notiert eine Feuerwehrchronik: „Während der verheiratete 59-jährige Brandinspektor Jakob Leischner mit seinem Feuerwehrmann Adolf Gentil ein Tor öffnen wollte, wankte das darüber liegende Mauerwerk. Die Umstehenden riefen warnend ‚die Mauer fällt um!'. Die beiden Feuerwehrmänner, die schnell wegspringen wollten, wurden vom einstürzenden Mauerwerk getroffen." Leischner stirbt beim Ausladen aus dem Krankenwagen an der städtischen Klinik, sein Kamerad ein paar Tage später. An der Bretzenheimer Feuerwache ist die Straße zwischen Koblenzer Straße und Ostergraben nach dem Inspektor benannt.

Als die Franzosen Ende 1918 Mainz besetzen, ist ein Großteil der Wallanlagen schon einige Jahre verschwunden. Nachdem der Kaiser ab 1904 peu à peu die Aufhebung des Rheingauwalls verfügt, fällt 1911 als letzter der Harten-

Militärgebäude an der Wallstraße.

bergabschnitt. Und schon bald herrscht hier statt militärischer Strenge ungezwungener Spaß in leichter Kleidung. Der Verein für Gesundheitspflege richtet um 1913 am Goßlerweg zwischen früherem Binger und Gonsenheimer Tor ein Licht-, Luft- und Sonnenbad ein.

Schon 1843 schreibt die Enzyklopädie der Volksmedizin: „Das Luft- und Sonnenbad ist im engeren Sinne das Verfahren, sich nackt oder nur leicht bekleidet der Luft und dem Sonnenlichte auszusetzen. ... Gegen Gicht, Rheumatismus, nervösen Gesichtsschmerz und andere

Anfang der 70er ist die Überführung der Binger Straße fertiggestellt. Unten das Taubertsbergbad, am rechten Bildrand das dreieckige Areal von VW-Kraft.

Um 1958: Die Qualmwolke im Hintergrund stammt von einer ausfahrenden Dampflok im Bahnhof.

Aus dem Schwimmbad konnte man auch Ansichtskarten verschicken.

Leiden leistet ein Luftbad oft mehr als alle Arznei. Alten Leuten, schwachen Kindern, asthmatischen Männern, bleichsüchtigen Frauenzimmern ist nichts erquickender, als der täglich mehrstündige Aufenthalt an einem sonnigen, vor Winden geschützten Plätzchen." Dass man einst in Mainz nackt oder nur leicht bekleidet sonnenbadet, dürfte eher nicht der Fall gewesen sein, beliebt ist das Luftbad auf jeden Fall. In den 30ern fliehen sommers Tausende aus der engen Innenstadt auf das Freizeitgelände, wenn auch die Mehrheit die Rheinbadeanstalten bevorzugen. Als aber in den 50ern der Rhein immer dreckiger, die Strömung durch das Ausbaggern schneller und das Baden gefährlicher wird, gehen die Schwimmer an Land. 1957 eröffnet auf dem Gelände des Luft- und Sonnenbads das Taubertsbergfreibad – kurz: das Taubertsberg. Es ist das Sommerparadies für die Innenstadt, und als das Ende der 60er geplante Freibad am Großberg wieder gestrichen wird, fast für die ganze Stadt.

Der Plan von Marcel Lods von 1946 sieht oberhalb der hier rot eingezeichneten Wallstraße zahlreiche Scheibenhochhäuser vor.

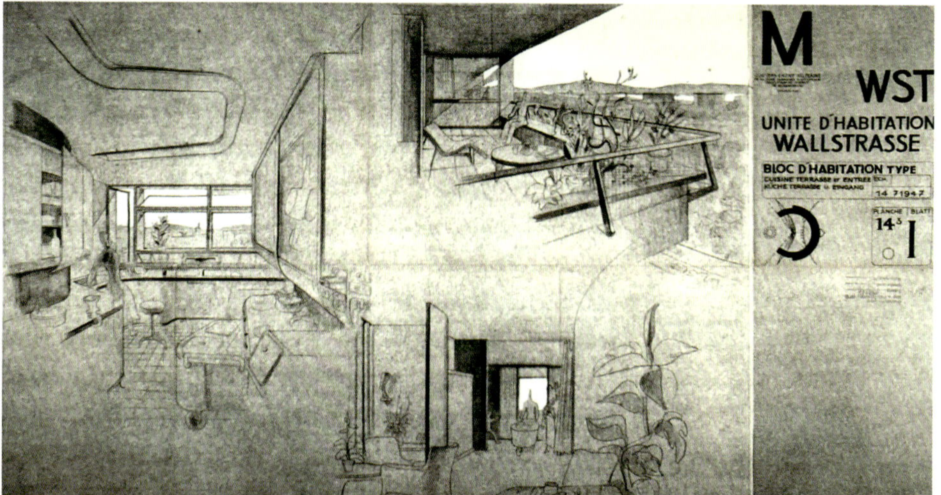

Pläne für den Innenausbau der Hochhäuser an der Wallstraße.

Lange geplant und ebenso lange nicht gebaut wird auch das erste Hallenbad. 1911 ist Mainz die einzige deutsche Stadt mit über 100.000 Einwohnern, die noch keines hat, Ende der 20er wird ein Hallenbad an Bilhildis- und Münsterstraße geplant, aber gebaut wird es schließlich erst 1962 am Taubertsberg. Am 14. April im Jahr der erschwindelten Mainzer 2000-Jahr-Feier wird das Hallenbad mit den Süddeutschen Schwimm- und Springmeisterschaften eröffnet. 2004 kommt das Spaßbad des Stuttgarter Unternehmers Deyle hinzu, das allerdings schon 2016 wieder pleite ist. Seither wird das Taubertsberg von einer Stadtwerketochter betrieben, die das einstige Spaßbad 2026 als Familienbad und Wellnesszentrum eröffnen will.

Das Gelände, auf dem heute das Taubertsbergbad liegt, gerät nach dem 2. Weltkrieg ins Visier des französischen Stadtplaners Marcel Lods, der das zerstörte Mainz quasi neu erfinden soll. Dafür will er in funktionaler Trennung vier Bereiche schaffen: Das rechtsrheinische Verkehrszentrum mit Hauptbahnhof und Flughafen, die noch erhaltene Altstadt für Geschäfte, Kultur und Unterhaltung, ein Verwaltungszentrum vom Dom bis zur Großen Bleiche sowie die „ville verte" zwischen Universität und Rhein, nördlich bis zur Kaiserbrücke.

Diese riesige Wohnstadt soll aus zehnstöckigen Hochhausscheiben bestehen mit viel Grün zwischen den Gebäuden und maximaler Monotonie. Es ist eine rein technokratische Planung, die Individualität und persönliches Empfinden komplett der Funktion unterordnet. Einzige Unterscheidung: Während die Häuser der Unterstadt auf dem Gebiet der Neustadt auf zehn Stockwerke begrenzt sind, „schlug er in der Oberstadt, auf dem Taubertsberg bis zu 20-geschossige, 160 Meter lange Hochhausscheiben nach dem Muster der Unité von Le Corbusier vor", schrieb einmal der Stadtplaner Rainer Metzendorf.

Schon 1946 verlässt der durch die allgemeine Ablehnung seiner Pläne frustrierte Lods sein Barackenbüro am Linsenberg (möglicherweise der noch bestehende Flachbau des Café Balance). Aber seine Idee eines Stadtteils auf dem Taubertsberg lebt durch seinen Mitarbeiter Adolf Bayer weiter, der Punkthochhäuser und bis zum Stadion sechsstöckige Wohnblocks errichten will. Ein Teil wird durch die zwei Taubertsberg-Hochhäuser und in gewisser Hinsicht durch die Martin-Luther-King-Siedlung verwirklicht.

An der Wallstraße entlang liegt links das Kavalier Hauptstein und ein Stück weiter, bei der Kreuzung mit den Straßen Am Fort Gonsenheim und Fritz-Kohl-Straße (früher Gonsenheimer Straße), ein Stück nach links Reste des Gonsenheimer Tors, die bei den Bauarbeiten für den Südwestfunk auftauchen. Einst steht es viel näher an der Kreuzung, und hinter dem Tor beginnt damals die Gemarkung Gonsenheim.

Das evangelische Mädchenheim Wallstraße 13.

Am Ende der Wallstraße, kurz vor Erreichen der Mombacher Straße, liegt die Militärkonservenfabrik.

210 Wallstraße II

Verfassungsschutz und Bundesbahner

Der nördliche Teil der Wallstraße zwischen Gonsenheimer und Mombacher Tor, folgt der historischen, von Bretzenheim kommenden Predigerhohl. Die Bezeichnung Hohl gilt für tiefer ins Gelände eingeschnittene, in Steigungen liegende Wege. Meist ist der Begriff verschwunden, wie eben die Predigerhohl oder die benachbarte Gonsenheimerhohl (später Gonsenheimer, heute Fritz-Kohl-Straße), während in Zahlbach die Namen Backhaushohl und Lanzelhohl überlebt haben.

Am Beginn dieses nördlichen Teils der Wallstraße, wo Gonsenheimer Straße und Am Fort Gonsenheim einmünden, wird bald nach Niederlegung des Rheingauwalls um 1913 die Stadtgärtnerei angelegt. 30 Jahre zuvor hat sich Mainz mit Einrichtung einer Städtischen Deputation für Gartenbau der öffentlichen Grünpflege angenommen. Sie ist erst dem Stadtbaumeister unterstellt, bevor sie 1902 als Gartenverwaltung selbstständige Dienststelle wird, mit einem Amtsleiter, der den klingenden Namen eines städtischen Gartenbaudirektors trägt.

Der bekannteste ist Wilhelm Schröder, der das Amt von 1897 bis 1927 innehat und 1898 mit dem heute gesuchten Buch „Gärten und Schmuckplätze der Stadt Mainz – einst und jetzt“ ein wertvolles Werk geschaffen hat.

Unterhalb der Gärtnerei liegen noch mehrere Baracken, möglicherweise eine Außenstelle des Militärlazaretts. Auf einem Stadtplan von 1910 und einer alten Postkarte werden sie als Rekonvaleszenten Station bezeichnet, auf dem

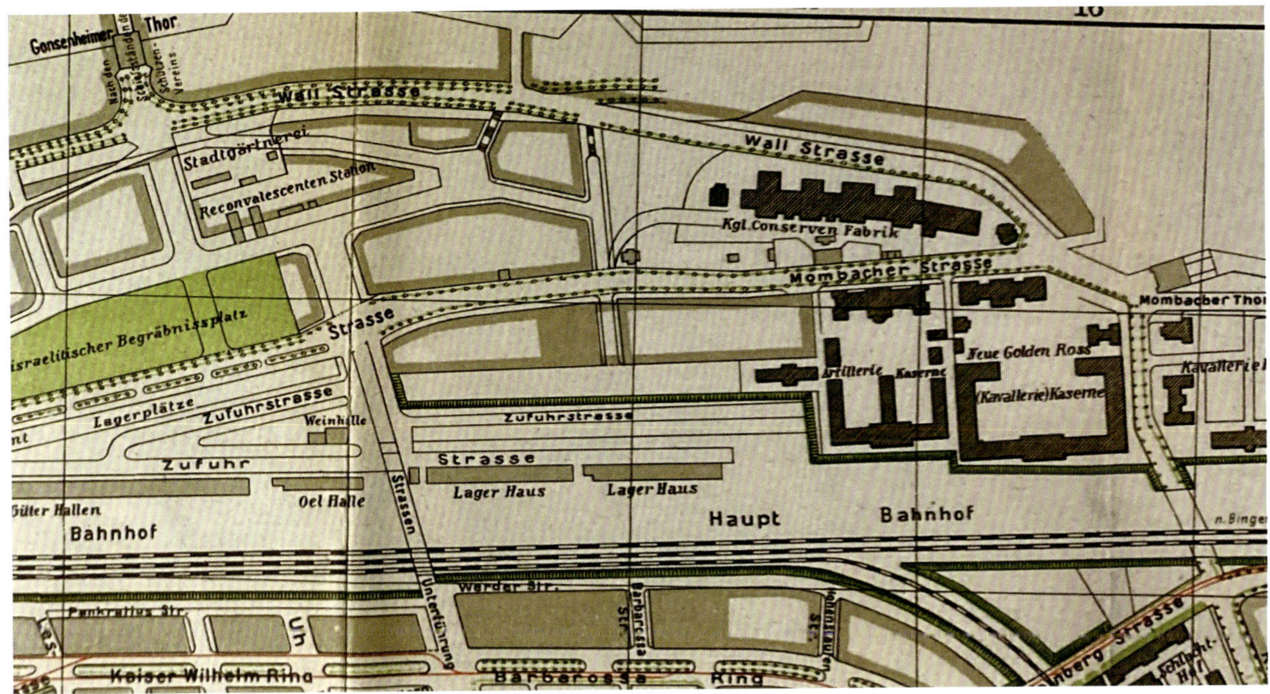

Stadtplan 1910 mit dem Abschnitt der Wallstraße zwischen Gonsenheimer (o.l.) und Mombacher Tor (r.).

Stadtplan zum Adressbuch von 1914 als Isolierstation.

Als im Mai 1964 am Ort der zu dieser Zeit schon länger hier verschwundenen alten Gärtnerei eine neue Institution eingeweiht wird, schreibt die AZ fast schon poetisch: „Wo einst die Mainzer Stadtgärtner ihre Tulpen und Dahlien züchteten, werden künftig die Männer vom geflügelten Rad ihr Wissen vermehren, um damit der Allgemeinheit zu dienen." Als Männer vom Flügelrad bezeichnet man damals Eisenbahner, und der neue Gebäudekomplex ist die Bundesbahnschule der Direktion Mainz. Es ist eine Internatsschule für 120 Teilnehmer in vier Lehrgängen.

In den 70ern kommt aber gänzlich bahnfremder Besuch, als Verfassungsschützer Bahn-Schüler Befragungen unterziehen. Hintergrund ist der

Das Rekonvaleszentenheim zwischen Wallstraße und Mombacher Straße.

Die Bundesbahnfachschule wird heute von einem Best Western Hotel und der Trattoria da Arnaldo genutzt.

Blick von der Einmündung der heutigen Fritz-Kohl-Straße in die Wallstraße zur Neustadt.

im Januar 1972 eingeführte Radikalenerlass, der die Beschäftigung von Verfassungsfeinden im öffentlichen Dienst verhindern soll. Links- wie Rechtsextreme sind das Ziel, betroffen ist aber fast ausschließlich das linke Spektrum.
Die Mitgliedschaft in der zahnlosen DKP reicht schon aus, dass jemand nicht Lokführer werden darf, Stellwerker oder Fahrplanreferent. Und so werden verdächtige Bundesbahner auch in der Fachschule vom Verfassungsschutz befragt. Ein Beispiel aus einer Befragung in Mainz, die 1977 zur Entlassung eines Bahners führt: „Eine zwar korrekte aber dennoch uninteressierte, kühle, innerlich distanzierte Haltung gegenüber Staat und Verfassung."
Heute ist in der früheren Bundesbahnschule das Best Western Hotel untergebracht, während man in der einstigen Kantine heute sehr lecker italienisch speist - in der Trattoria da Arnaldo. Von der Terrasse blickt man auf den jü-

Seit 1954 hat die Erfurter Firma Topf ihren Sitz in Mainz, die im Krieg die Krematorien unter anderem in Auschwitz gebaut hat. Einige der Öfen existieren noch, sind heute Teil der Gedenkstätte in Auschwitz.

Feuerungs- und Ofenbau

Topf, I. A. u. Söhne, Wallstraße 45, ☎ 83-307

dischen Friedhof, an dem wie an der DB-Schule entlang ein kleines Sträßchen vorbeiführt. Es heißt ab 1964 Paul-Denis-Straße. Sehr passend gleich in doppelter Hinsicht.

Denn einerseits wächst Paul Camille von Denis als Sohn des französischen Forstinspektors fürs hiesige Département mit Sitz in der Johannisstraße in Mainz auf, geht hier zur Schule, andererseits ist er mit der wichtigste deutsche Bahningenieur des 19. Jahrhunderts. Er baut die erste deutsche Eisenbahn Nürnberg-Fürth 1835, dann mit der Pfälzerwaldbahn die erste Strecke, die ein Gebirge quert, dazu die bayrische Ostbahn, deren erste Etappe er statt in sieben schon in fünf Jahren fertigstellt und dabei 30 Prozent weniger Geld ausgibt.

Ein genialer Mainzer Eisenbahnpionier, und er ist nicht der Einzige. Edmund Heusinger von Waldegg (1817-1886) aus Kastel erfand einst den D-Zug-Wagen, den Ur-Ahn aller deutschen Fernzüge.

Ein Stück weiter die Wallstraße entlang findet sich in der Nachkriegszeit ein anderer bekannter Ingenieur- und Unternehmername, aber einer von furchtbarem Klang, der im Zusammenhang mit monströsen Verbrechen steht. Das Adressbuch 1954 notiert in der Wallstraße 45 die Firma „Feuerung- und Ofenbau, Topf, J.A. und Söhne". Geführt wird sie von Ernst-Wolfgang Topf (1904-79), der im Krieg mit seinem Bruder Ludwig (1903-45) die Verbrennungsöfen und die Lüftung für die Gaskammern von Auschwitz I und II, Buchenwald, Groß-Rosen, Mauthausen und Dachau gebaut hat. Damals ist das Familienunternehmen in Erfurt ansässig. Aber nach dem Selbstmord von Ludwig gründet Ernst-Wolfgang die Firma in Wiesbaden neu, bevor er 1953 nach Mainz geht, wo die Firma bis 1962 existiert. Der Ofenbauer von Auschwitz in einer Stadt, deren jüdische Gemeinde kaum mehr als eine Dekade früher deportiert und ermordet worden ist.

Nach der Pleite der Firma lebt Topf noch einige Jahre in einem Wohnbau-Mietshaus im Barbarossaring 37. Ob die anderen Mieter wissen, wer er ist? Wahrscheinlich so wenig wie die Nachbarn in der Wallstraße.

Die Nr. 45 liegt einst auf der linken Seite der

Die Wallstraße 59 mit der Gaststätte „Zum Dragoner", benannt nach der schräg gegenüberliegenden Dragoner-Kaserne.

Wallstraße, etwa dort, wo links ein seitlicher Arm der Wallstraße hoch in Richtung Hartenbergpark führt. Ansonsten zeigt die linke Straßenseite heute jenseits der Kreuzung mit Am Fort Gonsenheim eher Seiten- und Rückansichten: erst die Auferstehungskirche, dann ein Gebäude des SWR und die Rückseiten der Berufsbildenden Schulen. Erst nach den Ausläufern des Hartenbergparks, fast schon an der Mombacher Straße, kommen noch vier Wohnhäuser, die sich mit ihren Rückseiten an den hier steil ansteigenden Hang des Hartenberg anlehnen.

Gebaut 1901, sind die Nummern 53-57 noch ziemlich gut im alten Zustand erhalten, die Nr. 59 nicht. Dass ausgerechnet hier am damaligen Ende der Stadt, direkt am Mombacher Tor, vier Mietshäuser errichtet werden, während ansonsten in weitem Umkreis erst Jahrzehnte später weitere Wohnbebauung entsteht, hat sicher auch mit den Militäreinrichtungen hier zu tun. An der Mombacher Straße gibt es die Hardenberg- und die Dragoner-Kaserne und gegenüber im Zwickel zwischen Mombacher und Wallstraße liegt die Königliche Armee-Konservenfabrik. Und in der Tat leben in den vier Wohnhäusern zahlreiche Soldaten.

Es sind keine Wehrpflichtigen, die in den Kasernen wohnen, und keine Offiziere, die sich Besseres, meist in der Neustadt leisten, sondern Sergeanten und Wachtmeister, die längerfristig in Mainz Dienst tun, ebenso drei Trompeter der Regimentsmusik.

Die Golden Ross-Kaserne dient der Kavallerie.

Die Wallstraße mit der Militärkonservenfabrik, gegenüber dem ersten Bild des Kapitels aber in Gegenrichtung.

Blick zu Fritz-Kohl-Straße und Sonnenbrauerei um 1970. Rechts Hansa-Haus der Dortmunder Hansa-Brauerei.

211 Fritz-Kohl-Straße

Der alte Weg nach Gonsenheim

Ab den 70er-Jahren des 19. Jahrhunderts wird der Festungswall weiter um Mainz gezogen: Für den Bau der Neustadt, und um die Eisenbahn vom Rheinufer auf die heutige Trasse verlegen zu können. Zwischen der Bahn und dem Wall oben auf dem Plateau verläuft unten die Mombacher, oben die Wallstraße, doch in den ersten Planungen ist das Hanggelände dazwischen noch von einer weiteren parallelen Straße durchzogen, dazu Verbindungswege und Treppenanlagen. Es gibt Pläne, dort ein Villenviertel anzulegen. Das alles wird nicht verwirklicht, heute führt nur die Fritz-Kohl-Straße hinauf.

1830 wird sie erstmals als Gonsenheimer Hohl erwähnt, heißt ab 1901 Gonsenheimer Straße und ist seit 1969 nach Fritz Kohl benannt. Sie steigt von der Mombacher Straße steil und gewunden aufs Plateau an, wo sie die später angelegte Wallstraße kreuzt und das Gonsenheimer Tor erreicht, einst Hauptverbindung Richtung Gonsenheim. Auch Herbert Bonewitz nimmt mit seiner Mutter am 27. Februar 1945 diesen Weg durch die Gonsenheimer Straße, nachdem sie am Neubrunnenplatz knapp dem Inferno entkommen sind. Er schildert später, wie er von der Hohl auf das brennende Mainz schaut.

1897 entsteht am Fuß der Hohl die neue Anlage der Sonnenbrauerei. 1568 erstmals in der Betzelsstraße erwähnt, 1687 dann unterm Zeichen der Sonne, wird in der Innenstadt Ende des 19. Jahrhunderts der Platz zu knapp. Die Brauerei wird 1897 an die Gonsenheimer Hohl

Das Gonsenheimer Tor, das näher an der Kreuzung Gonsenheimer-/Wallstraße lag als die heute sichtbaren Reste.

verlegt. Die „Sonne" im Sonnengässchen bleibt Brauereiwirtschaft.

Der Neubau soll die Sonnenbrauerei finanziell überfordert haben, weshalb sie 1908 an den jüdischen Brauer Philipp Mayer verkauft wird. Ab 1933 geraten seine Nachfahren unter Druck, müssen zu einem niedrigen Preis an die Getreide- und Futtermittelhandlung der Gebrüder Fritz und Karl Kohl verkaufen. Nach der Arisierung firmiert das Unternehmen unter „Bierbrauerei zur Sonne Gebrüder Kohl".

Gerade wegen der Arisierung des Betriebs

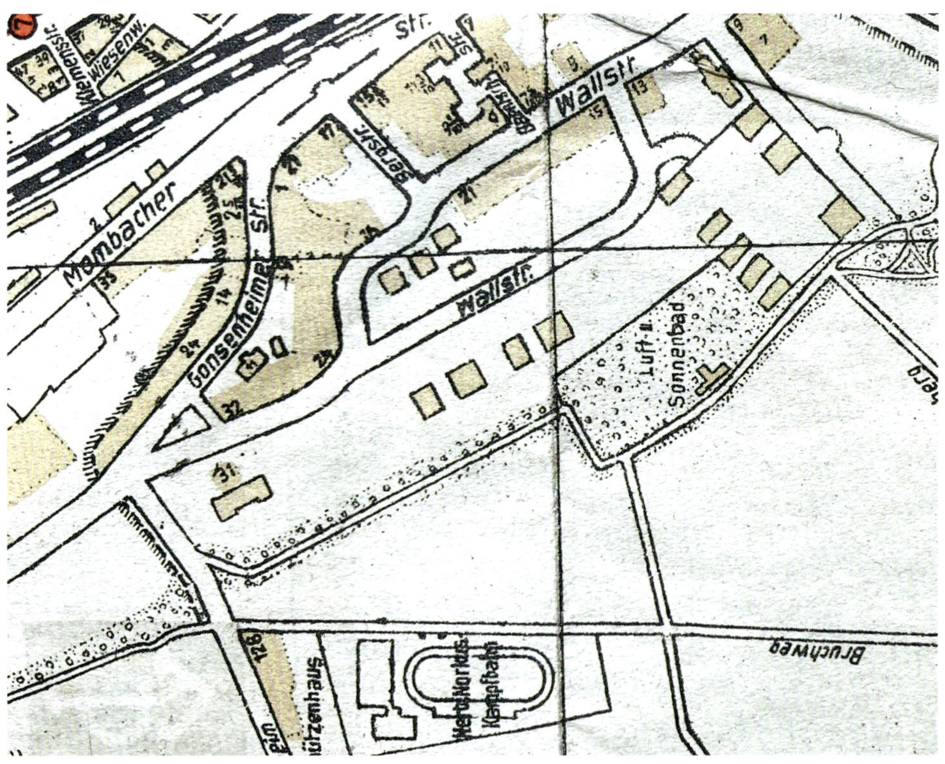

Stadtplan 1940: Links oben Gonsenheimer Straße, rechts daneben die heute nicht mehr existierende Bergstraße, daneben die Baentsch-Siedlung. Oberhalb der Wallstraße das Luft- und Sonnenbad, unten die Herbert-Norkus-Kampfbahn, das spätere Bruchwegstadion.

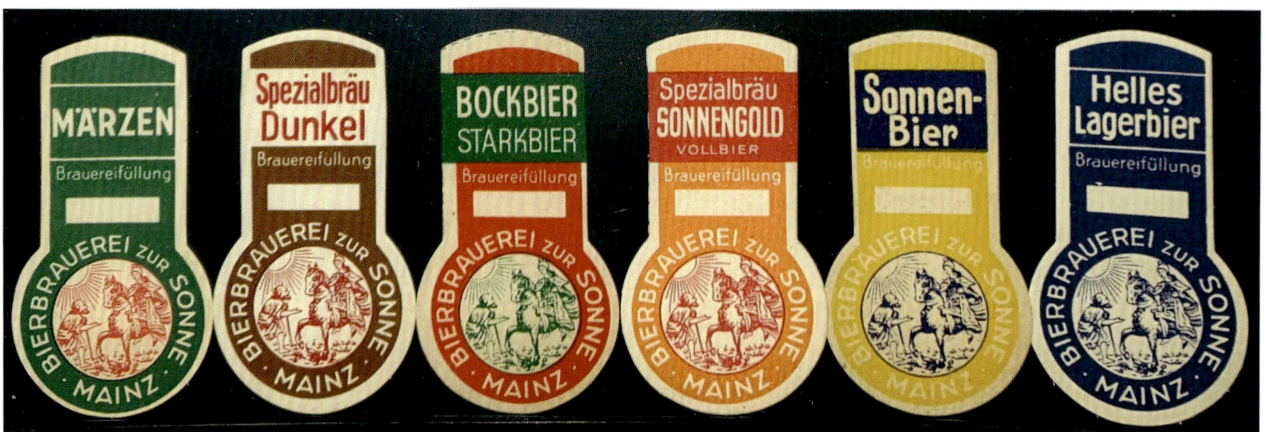

Halsetiketten aus den 50er- bis 60er-Jahren und ein Plakat für das 1988 wiederaufgelegte „Zwickelbier". Das half auch nicht mehr, 1991 ist für die Brauerei Schluss.

1938 wird vor wenigen Jahren anlässlich der Überprüfung möglicherweise belasteter Straßennamen auch die Fritz-Kohl-Straße unter die Lupe genommen. Aber die Arbeitsgruppe „Historische Straßennamen" sieht keinen Grund zur Umbenennung. Natürlich haben die Kohls von der „Arisierung" profitiert, aber ob sie diese selbst betrieben haben, gegen die Meyers vorgegangen sind oder den von der NSDAP diktierten Preis weiter gedrückt haben – darauf gibt es keinen Hinweis. Ansonsten hätte die Kommission anders entschieden. Auch eine Mitgliedschaft in NSDAP oder NS-Gliederungen „lässt sich nach Angaben des Bundesarchivs nicht nachweisen". Nach dem Krieg ist Fritz Kohl Mitbegründer der Mainzer FDP.

Die Brauerei stellt nach schweren Kriegsschäden den Betrieb ein, braut erst 1948 wieder, etabliert sich aber rasch neben der Aktienbier-Brauerei als zweite Mainzer Braustätte. Man trinkt „Aktien" oder „Sonne", das ist einst für manchen fast schon eine Glaubensfrage … Die Schließung der MAB 1982 überlebt die Sonnenbrauerei nur kurz, 1991 ist Schluss, zwei Jahre später schlägt die Abrissbirne zu. Heute steht dort ein Wohnkomplex.

Ist die Sonnenbrauerei schon ein Stück jüdischer Mainzer Geschichte, findet sich einst die Hohl hinauf in der Gonsenheimer Straße 9 und 11 ein weiterer Ort – das jüdische Kranken- und Pflegehaus. 1904 wird es errichtet, wozu „Der Israelit", die in Mainz erscheinende Zeitschrift für das orthodoxe Judentum, kritisch anmerkt, wie unglaublich es sei, dass „die uralte heilige Gemeinde … bis zum heutigen Tage kein jüdisches Spital" besessen habe. Als Grund für diese merkwürdige Erscheinung nennt der „Israelit" in verächtlichem Ton, die in Mainz „seit Menschengedenken grassierende ungeheure Assimilationswut".

Unter keinen Umständen habe das Trennende, „dass uns von Andersgläubigen unterscheidet", betont werden sollen, „und so wollte man selbst in dem Zustande, in dem sogar nach Heine die Religion anfängt, nämlich wenn die Gesundheit aufhört, kein jüdisches Krankenhaus." Einer der Gegner des jüdischen Krankenhauses wird im Artikel als „Hauptassimilant" verspottet. Aber auch wenn die jüdische Gemeinde nun eine eigene Klinik hat, so ist das Haus für Patienten aller Konfessionen offen.

„In freier, gesunder Lage erheben sich inmitten ausgedehnter Gartenanlagen zwei neue freundliche Gebäude ... Sämtliche Räume sind weit und luftig und in hellen Farben gehalten", schreibt „Der Israelit". Und weiter: „Die einzelnen Bettstellen mit den geschmeidigen Patentmatratzen sind weiß lackiert, ebenso die Nachttischchen, die mit Glasplatten versehen sind, um das leider so beliebte, aber verbotene Einschmuggeln von Speisen und Getränken zu verhindern." In allen Räumen gibt es Kalt- und Warmwasser, Gas und elektrisches Licht und Linoleumbelag. „Nach der Straße zu befinden sich die Wohnräume, während die Krankenzimmer auf den Garten hinausgehen und namentlich von den oberen Stockwerken einen prachtvollen Rundblick über die ganze Stadt bieten."

1928 wird das Krankenhaus um ein Altersheim mit 15 Plätzen erweitert. Es verfügt nicht nur über modernste Einrichtungen, sondern auch über einen Dachgarten, „der prächtige Aussicht nach dem Taunus bietet, zu Sonnen- und Luftbädern benutzt wird".

Das Krankenhaus ist wie alle anderen jüdischen Einrichtungen ab 1933 Schikanen und Einschränkungen ausgesetzt. Am 10. November 1938, der Kristallnacht, sieht auch das jüdische Krankenhaus Schlimmes. Itzchak Kali, damals Fritz Justin Klein und Sohn der Verwalter Hedwig und Josef Klein, trifft morgens um 9 Uhr aus Frankfurt, wo er sich auf seine Auswanderung nach Palästina vorbereitet, mit dem Zug ein. Er will den Eltern beistehen. Vom Bahnhof ist es nicht weit zur Hohl, und als er ankommt, spielen sich erschütternde Szenen ab.

Das Jüdische Krankenhaus in seinem Ursprungszustand von 1906 bis 1928.

Es kamen aus der Umgegend ganze Familien", schreibt er später. Schon am frühen Morgen hat in den Dörfern und kleinen Städten in Rheinhessen die Jagd auf die Juden begonnen, sie werden verprügelt, es gibt auch Tote, man zerstört ihren Besitz oder reißt ihn sich unter den Nagel und verjagt die bisherigen Nachbarn. Teils werden sie auf Fuhrwerke geworfen und nach Mainz gekarrt. Hier ist das jüdische Krankenhaus Anlaufstelle. „Manche kamen mit Nachthemd und Hausschuhen an, hatten alles verloren", so später Lou L. Salomon. „Ihre Häuser waren teilweise verbrannt." Manchmal auch die lebensrettenden Visa.

Nach der Kristallnacht kommen hier viele, insbesondere ältere Juden unter. Über hundert sind es 1942 und sie werden mit Ärzten und Pflegepersonal im September jenes Jahres nach Theresienstadt oder Treblinka gebracht und ermordet.

Das jüdische Krankenhaus mit dem 1928 eingeweihten Altenheimanbau, der über einen Dachgarten verfügt.

Nach den Deportationen finden Ausgebombte Unterschlupf im Krankenhaus, das zu Beginn der 1970er durch ein Wohn- und Bürohaus ersetzt wird. Ein Trauerspiel, dass niemand für den Erhalt kämpft, aber in Mainz zeigt man keinen Sinn für die noch verbliebenen Gebäude, die jüdische Geschichte erzählen. Das schöne Bankhaus Kronenberger in der Großen Bleiche fällt Ende der 60er, die Reste von Teppich Ganz Schillerplatz/Ecke Lu wird in den 80ern durch einen Kulissenbau ersetzt und vor wenigen Jahren verschwindet mit dem Ganz-Portal Binger-/Ecke Saarstraße auch noch das letzte Zeugnis.

Etwa auf Höhe des vormaligen Israelitischen Krankenhauses befindet sich auf der anderen Straßenseite, etwas unterhalb an einem Seitenarm der Straße, eine soziale Einrichtung, die zu den ältesten ihrer Art in Deutschland gehört. Die Geschichte des Heinrich-Egli-Hauses, einem Wohnheim für wohnungslose und obdachlose Männer, reicht fast 150 Jahre zurück, als der Namensgeber 1875 in Mainz in der Rentengasse 3 eine „Herberge zur Heimat" ins Leben ruft. Solche gibt es schon an anderen Orten als christliche und günstige Unterkünfte für wandernde Gesellen. Später errichtet sein Sohn ein Haus weiter ein Männerwohnheim und in der Mailandsgasse 11 eines für arme Familien.

Alle drei Häuser werden im Krieg zerstört. Kein Gedanke an einen Wiederaufbau, stattdessen übernimmt die Innere Mission den Bunker im Fort Hauptstein, der Ausgebombten, Flüchtlingen, Heimkehrern und Entwurzelten eine erste Zuflucht bietet. Bis Mitte der 60er-Jahre wird

Das 1960 eröffnete Heinrich-Egli-Haus.

die Einrichtung von Enkeln Eglis geführt, doch 1960 baut der Hessische Landesverein für die Innere Mission das Heinrich-Egli-Haus der evangelischen Wohnungslosenhilfe. Es bietet 20 Übernachtungsplätze und 50 möblierte Zimmer im Wohnheim, deren Bewohner ihre Notlage nicht selbst überwinden können. Sie sollen wieder an ein selbstständiges Leben gewöhnt werden.
Die Funktion als Verbindung nach Gonsenheim erfüllt die Fritz-Kohl-Straße nur noch bedingt, dafür hat sie bis 2011 an 05er-Spieltagen eine andere. Wenn am Bahnhof die Fans auswärtiger Vereine ankommen, werden sie über Nordsperre, Osteiner Unterführung und Kohl-Straße zum Stadion geführt. Das hat drei Vorteile: Einerseits begegnen sie hier kaum 05er-Fans, dann können sie nicht nach rechts und links ausbüxen und drittens sind sie nach dem Singen und dem Skandieren ihrer Schlachtrufe den steilen Weg hinauf erst mal außer Atem. Und bis die gegnerischen Fans sich erholt haben, sind sie auch schon im Stadion.

Werkstatt und Speisesaal des Egli-Hauses. Hier sollen Menschen normale Tageabläufe einüben.

OFC-Fans auf dem Rückweg vom Stadion. Links lag einst die Sonnenbrauerei, oben auf dem Berg das jüdische Krankenhaus.

Der Hauptbahnhof um 1925 mit der Bahnsteighalle von 1884, vorn rechts die Baentsch-Siedlung.

212 Mombacher Straße I

Am Mainzer Güterbahnhof

Eine der ungewöhnlichsten Mainzer Wohnanlagen befindet sich direkt hinter dem Hauptbahnhof mit der Front zur Mombacher Straße – die Baentschsiedlung. In der Seitenansicht vom Postlager her eher unprätentiös, ist die Schauseite zur Bahn hin repräsentativ gestaltet mit hohen Erkern, Turmhelm, Renaissance- und Jugendstilgiebeln. Die Überraschung wartet aber im Inneren des Ensembles. Dort hinein führt die Baentschstraße, dunkel, steil, eng, verwinkelt, um einen zinnen bekränzten Flachbau herum, der das Gefühl noch verstärkt, inmitten einer Burg zu stehen.

Die Siedlung entsteht ab 1904, einige Jahre, bevor der oberhalb der Wallstraße verlaufende Festungswall aufgelassen wird. Bauherr ist die Beamten-Baugenossenschaft, die für ihre Mitglieder günstige Wohnungen schaffen will, denn der oft zitierte „kleine Beamte" bei Stadt, Bahn oder Post ist finanziell nicht auf Rosen gebettet.

Adressbücher aus der Kaiserzeit, die auch die Berufe verzeichnen, geben über die Lebensverhältnisse Aufschluss. So finden sich Beamte der unteren Dienstränge in den damals oft sozial gegliederten Mietshäusern eher in den oberen Etagen, im vierten Stock oder im Dachgeschoss. Dort, wo die Behausungen sehr einfach sind. Die neue Anlage soll ihnen gute und dennoch günstige Wohnungen bieten.

Der Hauptbahnhof in den 60ern, die Bahnsteighalle stammt von 1939. Noch fehlt die Hochstraße, links unten die Reste der einstigen Ingenieur Wagenhalle, oberhalb davon die Baentsch-Siedlung.

Siedlung und Straße sind benannt nach Theodor Karl August Baentsch (1861-1913), Leiter der großherzoglichen Gewerbeaufsicht der Provinz Rheinhessen. Auf seine Initiative hin gründen 21 Beamte 1903 die Baugenossenschaft, die bald darauf das Gelände für 150.000 Mark kauft und bereits im Mai des folgenden Jahres mit dem Bau der Anlage beginnt, die 1905 fertiggestellt wird. Es sind zehn Häuser, fünfgeschossig auf hohen Sockeln, die steil am Hang zwischen Mombacher- und Wallstraße aufsteigen. Begibt man sich ins Innere der Siedlung, steht man inmitten eng verzahnter Häuser.

„Sie zeichnen sich durch ihre individuelle gestalterische Differenzierung aus, die gleichzeitig ein Spektrum zeitgenössischer Architekturströmungen dokumentiert", so 1993 die Rechtsverordnung zur Unterschutzstellung der Denkmalzone „Baentschstraße". Und weiter: „Neben dem historischen Stileklektizismus finden sich Anklänge an Romantik über Gotik und Renaissance bis zum Barock. Daneben lassen sich Einflüsse der avantgardistischen Jugendstilbewegung erkennen, die gegen den konservativ geprägten Historismus aufbegehrte." Beides finde sich hier harmonisch vereint.

Warum der Komplex aber auch „Port Arthur" genannt wird? Ob es etwas mit der Schlacht um Festung und Hafen von Port Arthur im Südchinesischen Meer zu tun hat, die zur Bauzeit stattfand? Mainz-Kenner Harald Neise, der selbst von 1962 bis 1968 dort lebt, kennt diesen Begriff aus der damaligen Zeit, „und im Stadtarchiv fand ich einmal ein Schriftstück aus ca. 1950 bezüglich einer denkbaren Buslinie auf der Wallstraße. Der Verfasser schrieb damals auch von Port Arthur". Die Vermutung, dass der Name mit dem russisch-japanischen Krieg zusammenhängt, teilt er.

Blick von der Wallstraße an der Baentschsiedlung vorbei zu St. Bonifaz. Heute erheben sich in dieser Blickachse die Bonifaziustürme.

Heute mutet es so an, als wäre neben dem Ende der 60er entstandenen Postlager die Baentsch-Siedlung der Beginn der Bebauung. Aber dort, wo sich heute das unschöne Hallenensemble im Schatten der Hochstraße und ihrer Abfahrt befindet, erstreckt sich einst von der Einmündung in die Binger Straße zunächst ein kleiner Park die Mombacher Straße entlang. Dann folgt das „Ingenieur Wagenhaus", also die Kfz-Anlagen der bautechnischen Militärs, der Festungsbauer, bevor sich von der Mombacher Straße ein großes parkähnliches Grundstück nach oben zieht, bekrönt von einer fast an der Wallstraße stehenden Villa, die aber zur Mombacher Straße zählt.

Sie gehört einem Dr. Deninger, möglicherweise aus der Familie des Lederfabrikanten, während die Erben ab den 30ern die Villa an das „Pädagogium Stehmann, Höhere Privatschule mit Schülerheim" vermieten. Bis zur Zerstörung im Krieg. Danach dient das verwilderte Gelände nebst der Ruine den Kindern aus der Baentsch-Siedlung noch lange als Abenteuerspielplatz.

Auf dem Nachbargrundstück auf der anderen Seite der Siedlung, Mombacher Straße 25,

Die Villa Mombacher Straße 5, die fast oben an der Wallstraße steht.

Die Baentschhäuser überragen die beiden Bahnsteigszenen der 60er-Jahre. Oben qualmt eine 23 vor sich hin, die letztgebaute Dampflokbaureihe der Bundesbahn, unten eine TEE-Lok E 10. Beide Fotos stammen von britischen Eisenbahnfans, die in den 50er- und 60er-Jahren oft Mainz und die Rheinstrecke besuchten.

unterhält laut Harald Neise die Bahnspedition noch 1962 einen Stall für zwei Pferdefuhrwerke, die innerstädtisch jeweils einspännig die „Rollfuhr" besorgen, also den Transport von den Güterhallen gegenüber dem Jüdischen Friedhof zum Kunden. Die Gebühren nennt man „Rollgeld". Bis heute ist die Bebauung bis zur Einmündung Kohl-Straße ohne Struktur. Als ein Investor hier nachverdichten will. erstellt die Stadt einen Bebauungsplan. Nicht nur zur Freude der Nachbarn, gerade in der Wallstraße. Denn 20 Meter Bauhöhe sind an der Mombacher Straße erlaubt, 17 Meter im rückwärtigen Bereich, weshalb bei Umsetzung die Häuser an der Wallstraße mitsamt ihrem teils schönen Ausblick zugebaut würden.

An der Ecke findet sich auf einem alten Tankstellen- und Garagengelände die ungewöhnlichste wie langlebigste Szenekneipe, deren Name so gar nicht danach klingt – „Bei Helga". Als Helga Nass das Lokal, damals noch Trinkhalle, übernimmt, denkt die damals 22-Jährige an ein halbes Jahr – mittlerweile sind es mehr als 40 Jahre geworden, und kaum ein Mainzer Promi, der nicht bei ihr eingekehrt ist. Hier an der Mombacher Straße oder an ihren Ständen bei Winterzeit und Johannisnacht. Elf Mal hat sie umgebaut, und als sie vor zwei Jahren bei Stefan Mross in der TV-Show „Immer wieder sonntags" zu Gast ist, hat sie noch eine Zahl parat: Sie will ihr Lokal führen, bis sie 111 ist. Der Autor hat an die Tankstelle eher ungute Er-

Diese Heftchen gibt es in den 50ern bei der Kraftfahrschule Max Berg an der Ecke zur Gonsenheimer-/Fritz-Kohl-Straße.

Mainz

DANZAS & Co. G. m. b. H.
Mainz
Internationale Transporte
S. Inserat am Fuße d. Karten 27-30

Karl Golleis, Mainz
Spedition — Lagerung
Möbeltransport
Fernsprecher 3959 u. 4385
Telegr.-Adr.: Golleis, Mainz
Mombacher Str. 23 Illstr. 13/15
Postscheckkonto: 65404
Bankkonto: Mainzer Volksbank

Rheuus
Transportges. m. b. H.
Mainz
Telef. 4668/69 Telegr.-Adr.: Rhenus

Philipp Geiß Wwe., Mombacherstraße 17/19. (Siehe Inserat im Anhang.)

Zahlreiche Speditionen haben ihren Sitz an der Mombacher Straße.

innerungen, denn dort gibt es einst auch eine Fahrschule. Und an eben jener quält er sich 1979 bar jeden automobilen Verständnisses an der Seite einer pädagogisch komplett talentbefreiten Fahrlehrerin über die Straßen des Hartenbergs bis zur Erlangung der Fahrerlaubnis.
Auf der anderen Ecke der Einmündung steht das Hansa-Haus, ein Wohnhaus vom Anfang der 60er mit versetztem Vorbau. Bomben haben hier den Platz für Neubauten gerissen, während gegenüber, auf der anderen Straßenseite, der Strukturwandel der Bahn Gelände frei macht. Wo einst Abstell- und Ladegleise liegen, steht nun ein Hotel, und bis zum Goethe-Tunnel zieht sich ein neuer Wohnkomplex, während die alte, lang gestreckte Güterhalle nach der Entkernung vor allem Büros enthält. Seit die Bahn fast alle Güterbahnhöfe aufgegeben hat und nur Großkunden bedient, hat sie auch in Mainz Gütergleise und Anlagen aufgegeben.
Früher fahren auf der einen Seite der Güterhalle Lkw und Fuhrwerke vor, holen Frachtgut ab oder liefern es an der Rampe an. Die Kisten, Fässer und sonstigen Gebinde werden in der Halle zwischengelagert, bis Güterwagen aufs Gleis auf der anderen Seite des Schuppens geschoben und beladen werden.
Jahrzehnte ist am Hauptgüterbahnhof einer der größten, wenn nicht der größte europäische Weinspediteur ansässig. „Armbruster & Co. - Wekawe Mainz" firmieren unter „Die Brücke für den Weinverkehr!", bieten vom eigenen Bahnsteig an der Weinhalle „schnellste Beförderung durch täglichen Abhol-Dienst in allen Weinbaugebieten, sowie tägliche Verladungen nach allen Hauptplätzen bei verkürzten Laufzeiten. Mosttransporte nach Sonderfahrplänen im Stundenverkehr!" Wekawe hat 5000 Transportfässer und 200 Wein-Spezial-Waggons, in denen der Wein dank Spezialkonstruktion bei der Fahrt bewegungslos ruht und im Winter auf normaler Temperatur gehalten wird. Die AZ 1949: „Schneller und bequemer ist kaum denkbar."
Über Jahrzehnte herrscht am Hauptgüterbahnhof Betrieb von morgens bis in die Nacht. Dampfloks verschieben pausenlos Waggons,

Die Mainzer Firma WeKaWe ist über Jahrzehnte mit der größte europäische Weinspediteur.
Der Weinspediteur verfügt über Tausende eigene Fässer.

stellen sie zu Zügen zusammen, es wird gerufen, gepfiffen, Metall scheppert, wenn die Puffer aufeinanderprallen. Und dann eilen alle paar Minuten Personen- und Fernzüge durchs Gleisvorfeld zum Hauptbahnhof oder nehmen lärmend Fahrt auf. Zu Dampflokzeiten fahren die schweren Fernzüge begleitet von raschen, dann lang gezogenen Zylinderschlägen an, es ist ein rechter Lärm, der an die Häuser der Mombacher brandet.

Die Häuser zwischen Kohl-Straße und altem jüdischem Friedhof gehören Einzelbesitzern wie Genossenschaften, und in den Hinterhäusern befinden sich Fabrikgebäude. So die Wäschefabrik Wirth & Rühe in der Mombacher Straße 33 5/10, die Andreas Wirth seit 1922 mit einem Kompagnon betreibt, ab 1925 allein. Wirth spezialisiert sich auf Kinderbekleidung, die Ehefrau Elisabeth entwirft.

Doch in der Wirtschaftskrise 1929 verlegen sich die Wirths auf den Handel und gründen den „Kinderladen Wirth". „Das war krisensicherer", sagt einmal Tochter Margot Demmler (1921-2022), die immer nachmittags vom Kindermädchen von der Wohnung in der Boppstraße zur Mombacher Straße gebracht wird. An den Nähsaal erinnert sie sich noch gut und an die dahinter liegende Produktion von „Korallen-Mayer". Dazu mehr im Teil 2 über Mombacher Straße

Die Wäschefabrik Wirth & Rühe fertigt in der Mombacher Straße 33 5/10. Aus ihr geht 1929 der „Kinderladen Wirth" hervor.

Der Alte jüdische Friedhof wird erstmals 1286 erwähnt, ein Teil ist seit 1926 Denkmalfriedhof.

213 Mombacher Straße II

Tausend Jahre jüdische Geschichte

Außer der Baentsch-Siedlung gibt es an der Mombacher Straße nur noch einen weiteren Wohnkomplex, jenen zwischen Kohlstraße und jüdischem Friedhof. Das sind einst die Nummern 21 3/10 bis 35 1/10, aber die früher übliche Unterscheidung verschiedener Gebäude auf einer Parzelle in Zehntel wird schon lange mit Buchstaben vorgenommen. Teils erhalten die Häuser auch eigene Nummern, was in vielen Straßen die komplette Neunummerierung bedeutet. So tragen die eben genannten Häuser heute die Nummern 39 bis 59. Wer in alten Adressbüchern forscht, sollte um solche Änderungen wissen.

Hinter den Wohngebäuden finden sich auch Betriebe wie die Wäschefabrik Wirth & Rühe in der 33 1/10 (später Kinderladen Wirth) und dahinter die Werkstätten von „Korallen-Mayer". Heute läge Mayer am stumpf endenden Seitenast der Fritz-Kohl-Straße, und Stadtpläne um 1910 zeigen, dass die heutige Stichstraße einst oberhalb des Alten jüdischen Friedhofs weitergeführt werden soll. Dies fällt aber wie manch anderer Plan für das Viertel den Wirren und der Verarmung der Stadt nach dem Ersten Weltkrieg zum Opfer.

Wie die in Nr. 211 der Stadtspaziergänge (Gonsenheimer-/Kohl-Straße) erwähnte Sonnen-Brauerei und das oberhalb gelegene Israelitische Krankenhaus ist auch „Korallen-Mayer" Teil der jüdischen Geschichte des Viertels. Der Betrieb geht zurück auf Martin und Bernhard Albert Mayer, Söhne einer seit dem 18. Jahrhundert in Mainz verwurzelten jüdischen Familie. In den 1870ern gründen sie eine Bijouterien-(Schmuck) und Kurzwarenhandlung in der

Mayer-Produkte: Silberzier für einen Korken und eine vergoldete Thorakrone, die Gemeindevorsteher Martin Mayer, „Korallen-Mayer", 1898 herstellt und stiftet.

Schießgartenstraße 1, später Bauhofstraße 3, um sich bald auf Schmuck und italienische Korallen zu konzentrieren, was den Spitznamen erklärt. Für die Produktion der Silberwaren wird in den 1890ern das Fabrikgebäude errichtet. Hedwig Brüchert schreibt im Buch „Der Neue Jüdische Friedhof in Mainz – biographische Skizzen zu Familien und Personen": „Bei den Erzeugnissen ... handelte es sich vor allem um Zier- und Luxusartikel wie fein ziselierte Tischdekorationsobjekte, Jardinièren, Visitenkartenschalen, Pillendosen, Zigarettenetuis, verzierte Griffe für Spazierstöcke und Damenschirme, silbernes Teegeschirr, Abendtaschen mit Perlenstickerei, Broschen und Anhänger, besetzt mit Halbedelsteinen." Einer der Mayerschen Silberstempel zeigt das Mainzer Rad und einen sechszackigen Stern, beides rechts und links flankiert von einem großen „M". Einige dergestalt punzierte Stücke tauchen ab und an bei

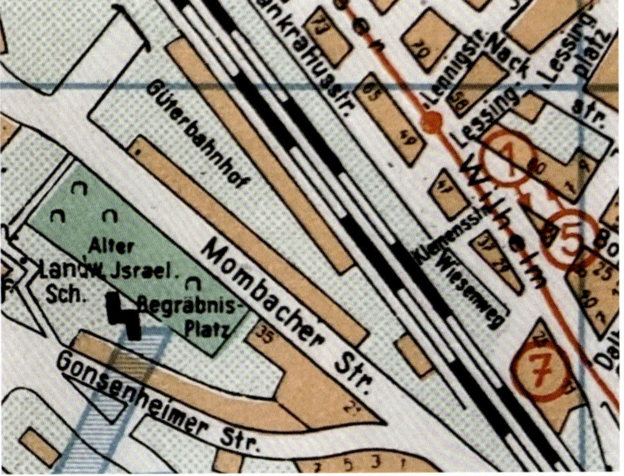

Stadtplan von 1954: Der schwarze Haken oberhalb des Friedhofs ist die Landwirtschaftsschule.

Rabbiner Dr. Sali Levi im Oktober 1926 bei der Eröffnung des Denkmalfriedhofs.

Die Grabsteine des Denkmalfriedhofs reichen bis in das 11. Jahrhundert zurück, alle anderen sind aus dem 18. und 19. Jahrhundert.

Der jüdische Friedhof 1945 von Kriegszerstörungen gezeichnet.

der ZDF-Auktionsshow „Bares für Rares" auf. Martins Sohn Bernhard Albert Mayer führt die Geschäfte fort, ist ein hoch engagierter Bürger, Stadtverordneter und von 1908 bis 1941 Vorsteher der Jüdischen Gemeinde. „Mayer erlebte Höhepunkte und eine große Akzeptanz in der Mainzer Gesellschaft. Am Ende musste er jedoch die Zerstörung seiner Gemeinde mit ansehen", so Brüchert. 1933 geht Sohn Karl nach Buenos Aires, die Eltern folgen 1941, sehen ihre Heimat nie wieder. Ihre Urnen werden 1996 nach Mainz übergeführt, wo der Enkel, Ehrenbürger Monsignore Klaus Mayer (1923-2022), sie in Empfang nimmt, bevor Rabbiner Leo Trepp sie auf dem Neuen Jüdischen Friedhof beisetzt.

In Bernhard Albert Mayers Amtszeit fällt die Einweihung des Denkmalfriedhofs an der Mombacher Straße, der 1926 auf einer Ergänzungsfläche des Alten jüdischen Friedhofs angelegt wird. Dieser ursprüngliche Friedhof soll bald nach dem Jahr 1000 entstanden sein, wobei die erste gesicherte Erwähnung von 1286 stammt. Da die jüdische Gemeinde in Mainz eine sehr wechselhafte Geschichte hat und immer wieder lange Phasen der Vertreibung erlebt, wird der alte Friedhof nicht durchgehend belegt, weshalb Grabsteine etwa als Baumaterial genutzt werden. Erst ab 1700 werden die Belegungen wieder aufgenommen.

Deshalb finden sich auch keine Grabsteine aus dem Mittelalter in situ, also am Ort ihrer Aufstellung, sondern erst wieder aus der Neuzeit. Als aber im 19. und Anfang des 20. Jahrhunderts bei Grabungen und der Niederlegung der Festungsmauern immer wieder mittelalterliche Grabsteine auftauchen, entschließt sich die Gemeinde, den Denkmalfriedhof mit den Fundstücken einzurichten. Der älteste Grabstein stammt von 1029. Um sie von den jüngeren, am Standplatz erhaltenen Steinen zu unterscheiden, werden die Fundsteine nicht nach Osten ausgerichtet, wie sonst üblich.

Als oberhalb des Friedhofs Anfang der 1950er die Landwirtschaftsschule erbaut wird, findet man mittelalterliche Grabsteine, belässt sie

Diese Kopframpe seitlich des Goethe-Tunnels gilt lange als jener Ort von dem 1942 die Deportationszüge abfahren, das ist aber mehr symbolisch zu sehen. Mit dem Bau des Vlexx-Betriebwerks wurde die Rampe abgebaut und für ein Mahnmal eingelagert.

Das Mahnmal, das an der Mombacher Straße seitlich des Goethe-Tunnels entstehen soll.

dort. Doch als nach dem Abriss der Schule 2007 dort Villen entstehen sollen, gibt es Protest, weil nach jüdischem Recht Friedhöfe nicht verändert werden dürfen. Stadt, Gemeinde und Rabbinerkonferenz einigen sich darauf, das Gelände nicht zu bebauen, sondern wieder dem Friedhof zuzuschlagen. Er spielt eine wichtige Rolle, als die SchUM-Städte Worms, Speyer und Mainz mit ihrem jüdischen Erbe 2021 ins Unesco-Welterbe aufgenommen werden.

Nicht weit vom Alten Jüdischen Friedhof entfernt, keine hundert Meter auf der anderen Seite die Mombacher Straße hinunter, rund um den Goethe-Tunnel, befindet sich ein Ort, der zu den traurigsten der jüdischen Mainzer Geschichte gehört. Jener Bereich am früheren Güterbahnhof, wo 1100 Mainzerinnen und Mainzer im März und September 1942 deportiert werden.

Eine Seite der Deportationsliste vom 24. März 1942.

\- 45 -

1	2	3	4	5	6
836	Nathan geb. August	Elsbeth S. Hausfrau	verh.	3.12.1897 Wellesweiler	Mainz, Kaiserstr.21
837	Nathan	Lotte S.	ledig	18. 7.1932 Mainz	" "
838	Nathan	Hans J.	ledig	24.12.1936 Mainz	" "
839	Nathan	Otto J. Kfm.	verh.	30.11.1899 Mainz	" Walpodenstr.1
840	Nathan geb. Löwenhart	Else S. Hausfrau	verh.	18. 7.1908 Dortmund	" "
841	Neuberger	Moritz J. Kfm.	verh.	21. 9.1879 Rodalben	" Leibnizstr.15
842	Neuberger geb. Mayer	Antonie S. Hausfrau	verh.	4. 1.1891 Niederkirschen	" "
843	Neuberger	Friedrich J. Maschinenschlosser	ledig	2.11.1924 Rodalben	" "
844	Neumann	Alice S. Apothekerin	ledig	19. 7.1898 Mainz	" Adam Karrillonstr. 13
845	Odenheimer	Carry S. Hausangest.	ledig	8. 5.1877 Bruchsal	" Kaiserstr.53
846	Oliven	Robert J. Ingenieur	verh.	3. 3.1901 Frankfurt/M.	" Hindenburgpl. 3
847	Oliven geb. Kiritz	Lilli S. Modistin	verh.	22. 9.1905 Rüsselsheim	" "
848	Oppenheim	Moritz J. Bankbeamter	verh.	6. 4.1877 Adelebsen	Mainz-Kastel, Eleonorenstr. 16
849	Oppenheim geb. Landauer	Marie S. Hausfrau	verh.	26.11.1881 Bruchsal	" "
850	Oppenheimer	Arnold J. Kfm.	ledig	3.12.1905 König	Mainz, Hindenburgplatz 3
851	Petsch geb. Bonnem	Jenny S. Hausfrau	verw.	10. 5.1879 Oberstein	" Rheinallee 12
852	Raphaelson geb. Herrnberg	Ella S. Hausfrau	verw.	7. 4.1878 Allenstein	" Emmerich Josefstr.10
853	Rector	Wolfram J. Buchhalter	verh.	26. 8.1885 Berlin	" Margaretehgasse 28
854	Rector geb. Stern	Rosa S. Hausfrau	verh.	13. 6.1883 Sprendlingen	" "

46

Eine bestimmte Kopframpe gilt lange als der Ort, an dem die Juden, als sie die hohen Trittbretter der 3.-Klasse-Wagen erklimmen, den heimatlichen Boden verlassen. Aber es ist wohl mehr ein symbolischer Ort, denn damals gibt es noch mehr solcher Freiladerampen. Und eine Kopframpe, die nur eine Ausfahrt nach Norden hat, wo doch die Züge zur Zwischensammelstelle Darmstadt nach Süden fahren, erscheint ungeeignet.

Besagte Rampe liegt genau dort, wo um 2013 das Eisenbahnunternehmen Vlexx sein Bahnbetriebswerk errichtet. Vlexx baut sie ab, lagert aber die Steine für einen geplanten Gedenkort an der Mombacher Straße/Ecke Goethetunnel ein.

Fast zehn Jahre ist das Mahnmal schon in Planung, es gibt auch schon lange einen Entwurf, aber nun soll 2024 der Bau beginnen. Hoffentlich.

Das Mombacher Tor steht hinter der Einmündung des Rheingauwalls, reicht bis zum Hang des Hartenbergs.

214 Mombacher Straße III

Zum Mombacher Tor

Wer die Mombacher Straße stadtauswärts fährt, dem fällt kurz vor der Kreuzung, an der es bis 2021 geradeaus hinauf zur Hochstraße geht, rechter Hand ein großer Ziegelbau ins Auge. Nach der Sanierung erstrahlt die Neue-Golden-Ross-Kaserne wieder Ockergelb und im flachen Abendlicht noch einmal mehr. Dann heben sich auch die flachen Strukturen mit Risaliten und Pilastern plastisch hervor, auch das Dachgesims mit dem Rundbogenfries – es lohnt unbedingt, alles genauer zu betrachten.

Einst sind es zwei Kasernen, die in den 1890ern hier am Mombacher Tor, also am Rande der Stadt, errichtet werden: der heute noch existierende Bau und direkt daneben – genauso groß – die Hartenberg-Kaserne. Das noch existierende Wirtschaftsgebäude, einst zwischen den Mannschaftsgebäuden gelegen, kommt erst 1913 hinzu, und auch die mehr schlecht als recht erhaltenen Kasernen jenseits des heutigen Rheingauwall sind späteren Datums.

So prägend die vorn an der Straße liegenden Mannschaftsgebäude auch sind, so machen sie doch nur einen kleinen Teil des Kasernenareals aus, das bis zur Bahn reicht. Um die großen Innenhöfe herum gruppieren sich jeweils zahlreiche Nebengebäude, Offiziershaus, Stabsgebäude vor allem aber riesige Stallungen und die Reitbahn. Denn in der Neuen Golden-Ross-Kaserne liegt die Kavallerie, in der Hartenberg-Kaserne die Artillerie, die damals natürlich auch bespannt ist.

Die barocke Golden-Ross-Kaserne in der Großen Bleiche ist Namenspate für den Komplex an der Mombacher Straße, und auch besagtes, aus Kupfer getriebene vergoldete Ross zieht nach 1890 um zur neuen Kaserne. Dort steht es zeitweise auf einem Gebäude am Rheingauwall, aber auch eine Zeit lang an der Ecke des

Stadtplan vor 1905. Bis auf die Militärgebäude und vier Häuser an der Wallstraße ist die Gegend unbebaut. Auf der Mombacher Straße ist eine Straßenbahnstrecke eingezeichnet, die aber nie gebaut wird.

Die Dragoner-Kaserne, weiter hinten die heute nicht mehr existierende Artilleriekaserne.

Mannschaftsgebäudes zu ebener Erde. Es ist übrigens kein Reit- oder Militär-, sondern ein Dressurpferd, wie die dargestellte Figur „Levade" verrät. 1933 zieht das Ross wieder zurück in die Große Bleiche, wo es 1942 zerstört und nach dem Krieg durch eine Aluminium-Nachbildung ersetzt wird.
Heute ist die Neue Golden-Ross-Kaserne auch als Dragonerkaserne bekannt, bevor aber das Königlich-Preußische Magdeburgische Dragoner-Regiment Nr. 6 hier Quartier nimmt, hat das Husaren-Regiment „König Humbert von Italien (1. Kurhessisches) Nr. 13" an der Mombacher Straße seinen Standort. Eine skandalumwitterte Einheit, die unfreiwillig Mainz verlassen muss, wie Wolfgang Balzer, Gründer des Mainzer Garnisonsmuseums, einmal schreibt: „1905 erhielt das Regiment den Befehl, mit dem Dragoner-Regiment Nr. 6 den Standort zu tauschen." Die offizielle Regimentsgeschich-

Blick vom Mombacher Tor (vorn links die Zinnen) über das Gelände der Golden Ross-Kaserne.

te berichtet nichts davon, dass der Kaiser die Kordelbuwe, wie sie in Mainz hießen, strafversetzen lässt, aber es heißt, dass es um „nicht standesgemäßes Benehmen" einiger Soldaten beim Rosenmontagszug geht.

Vielleicht hat es aber auch mit Martin Wilhelm von Waldthausen (1875-1928) zu tun, Leutnant im Husaren-Regiment Nr. 13. Als er sich bei einem Kaiser-Manöver am Großen Sand durch Wilhelm II. gekränkt fühlt, soll er sich mit dem Götz-Zitat revanchiert haben. Eine Majestätsbeleidigung, für die er wohl nicht bestraft wird, aber er nimmt seinen Abschied aus der Armee. Der Bankierssohn lebt in Mainz als Privatier und erbaut ab 1908 das nach ihm benannte Schloss im Lennebergwald, das die damals unvorstellbare Summe von weit mehr als zehn Millionen Mark gekostet haben soll. Will er dem Kaiser etwas demonstrieren?

In den 30er werden die Kasernen zu Wohnbauten, später wird die Hartenberg-Kaserne abgerissen und nur das kleinere Wirtschaftsgebäude und der Mannschaftskomplex bleiben in gutem Zustand erhalten. Erst vor wenigen

Die Wirtschaft in der seltsamen Schreibweise „Zum Harten-Berg" liegt schräg gegenüber der Kaserne an der Wallstraße.

.) Die Militärkonservenfabrik zwischen Wall- und Mombacherstraße wird in den 30ern abgerissen.

Jahren werden die noch letzten vorhandenen Ziegelbauten im Hof abgerissen, um den Betriebshof für die ORN-Busse modernisieren zu können.
Als das Stadttor noch am Münstertor liegt, ist die Mombacher Straße nur die Landstraße Richtung Mombach. Erst als der Wall weiter um die Stadt gelegt wird und das Binger Tor etwa in Höhe der Einmündung Römerwall liegt, wird die Straße in die Stadtentwicklung einbezogen.
Der erste große Komplex ist die Königliche Militär-Konservenfabrik, der zwischen Wall- und Mombacher Straße entsteht, kurz bevor beide zusammenlaufen.
Die Idee, das Militär mit eigenen Konserven zu versorgen, entsteht im 70/71er- Krieg gegen Frankreich. Man errichtet dort eine eigene Fabrik und will nach den guten Erfahrungen mit den lang haltbaren und einfach zu transportierenden Konserven auch im Reich eine eigene Fabrikation aufziehen. Mainz ist als Festung weit im Westen, wo ein nächster Krieg am wahrscheinlichsten ist und die Transportwege dann am kürzesten wären, ideal und hier das unbebaute Gelände nahe dem neuen Wall. Allerdings muss für den lang gestreckten Gebäuderiegel vorm Hang ein Plateau aufgeschüttet werden, das mit einer großen Arkadenmauer zur Mombacher Straße hin abgestützt wird. Die Mauer ist erhalten, dazu drei Dienstgebäude, das Werk wird 1934 abgerissen.
Die Konservenfabrik reicht von der Einmündung der Wallstraße bis zur Hausnummer 87, dem früheren Direktorengebäude der Fabrik direkt neben deren Einfahrt. Heute dient das fast villenartige Gebäude als Verbindungshaus für die nicht schlagende katholische Studentenverbindung Hasso Rhenania.
Im Krieg wird die Mombacher Straße trotz der Nähe zum Güterbahnhof nicht so stark getroffen, allein der Rundschuppen des Betriebswerks, die heute als Veranstaltungsort belieb-

Der Halbrundschuppen des Bahnbetriebswerk, heute als Lokhalle bekannt, 1945. Davor eine Güterzuglok Baureihe 57, preußische G10.

te Lokhalle, liegt in Trümmern. Dass auch die Schäden am Güterbahnhof selbst in Grenzen halten, liegt allerdings daran, dass das britische Bombercommand vor allem die Wohngebiete ins Visier nimmt und Verkehrsziele nur als Beifang sieht. Deshalb ist es für die US-Truppen nach der Besetzung auch kein Problem, den für ihren Nachschub so wichtigen Bahnverkehr binnen Tagen in Betrieb zu nehmen.

Zwei Häuser weiter als das Direktorengebäu-

Ein US-Soldat posiert im Güterbahnhof vor einem Ein-Mann-Bunker, wie er heute noch auf der Zitadelle vorm kleinen Luftschutzmuseum zu sehen ist. Im Hintergrund Waggons des Transportation Corps der US Army.

Ein alter Katalog von Samen-Kämpf.

de der Militärkonservenfabrik findet sich fast ein Jahrhundert lang eine Mainzer Traditionsfirma – das Unternehmen Carl Kämpf, Spezial-Samenhandlung Engros und Detail, kurz: Samen-Kämpf. Gegründet 1883 in der Kleinen Schöfferstraße 4 übernimmt 40 Jahre später die Familie Herzog, die wahrscheinlich noch im gleichen Jahr Lager, Wohnung und Versuchsfeld in die Mombacher Straße verlegt, damals Hausnr. 41 3/10, nach der bereits erwähnten Neunummerierung der Straße heute Nr. 81.

Exakt 131 Jahre besteht Samen-Kämpf, dann setzt die Familie 2014 den Schlusspunkt, vor allem weil in der Innenstadt, wo Kämpf seinen

Sitz in der Dominikaner-/Ecke Fuststraße hat, die Rahmenbedingungen nicht mehr stimmen. Nur eines von vielen Mainzer Traditionsgeschäften, die in den letzten Jahren in der Innenstadt die Türen geschlossen haben: Sport-Kapp, Gutenberg-Buchhandlung, Schey, Schuh-Schlüter, Lichthaus Lerch, Feinkost-Gehm …

Pommersche Saatzucht GmbH.
Filiale Mainz

Saatzucht u. Saatgutvertrieb
Landesprodukten-Großhandel

Mombacher Straße 44 - Tel. 4449 u. 4440

Die Pommersche Saatzucht wird von Walter Strutz geführt, Präsident von Mainz 05 wie später Sohn Harald. Das Familienfoto von 1951 zeigt vorn Walter Strutz mit Walter junior, hinten Opa August mit Harald, rechts Manfred und links Wolfgang.

Schräg gegenüber von Kämpf gibt es einst die Mainzer Filiale der Pommerschen Saatzucht, Mombacher Straße 44, die von Walter Strutz geführt wird, Er ist Anfang der 50er Vorsitzender der Mainzer FDP und ab 1951 bis zu seinem frühen Tod Präsident von Mainz 05. Er stirbt 1956, erlebt nicht mehr die Karrieren seiner vier Söhne. Wolfgang wird Vorstandssprecher der *BHF-Bank*, später Präsident und Ehrenpräsident der Senckenberg-Gesellschaft, Manfred geht für Boehringer nach Süd- und Mittelamerika, hat dort die Landesleitung für Mexiko inne, während Walter junior FDP-Landtagsabgeordneter und Staatssekretär wird und Harald von 1988 bis 2017 als Präsident von Mainz 05 den Verein in nie für möglich gehaltene Höhen führt.

Getränke-Industrie „Rheinhessen“
Inh.: Leo Häußer
Mainz a. Rh., Mombacher Straße 48

Abfüllung u. Alleinvertrieb von „Coca-Cola“ für den Regierungsbezirk „Rheinhessen“.

Fabrik und Hauptverwaltung: Mainz, Mombacher Straße 48 — Fernruf 5901
Postschließfach 76
Bankkonto: Hess. Landesbank, Fil. Mainz.
Postsch.-Kto.: Frankfurt (Main) Nr. 15 940

Seit 1951 produziert die „Getränke-Industrie Rheinhessen“ in der Mombacher Straße 48 Coca Cola.

Durch die vielen Unternehmen und den nahen Güterbahnhof herrscht auf der Mombacher Straße immer schon viel Verkehr, vor allem Lieferwagen, Lastwagen und Schlepper mit Anhängern, doch ab 1951 wird das Straßenbild durch besondere Lkw bereichert und bunter gemacht. Sie sind Rot und Gelb, aber was sie transportieren, ist braun - Coca-Cola. Seit Anfang der 50er tritt von hier aus, genauer gesagt von der Nr. 48 aus, die amerikanische Brause ihren unvergleichlichen Siegeszug an. Coke ist ein Stück American Way of Life, so wie Lucky Strike, Bluejeans, Straßenkreuzer und bald darauf der Rock'n'Roll.

Die „Getränke-Industrie Rheinhessen" beginnt 1951 mit der Herstellung von Coca Cola im Werk Mainz in der Mombacher Straße 48, das zugleich Sitz der Verwaltung ist und noch über drei Auslieferungslager in Worms, Bingen und Alzey verfügt. Die typischen Cola-Flaschen mit ihrem Hüftschwung und dem gerillten Glas kommen aus der Glashütte Budenheim, die diese vor allem auch nach England exportiert.

Das Ausgangskonzentrat kommt von der Deutschen „Coca Cola G.m.b.H." in Essen, wird hier in Bottichen mit Zucker und Wasser zu einem zähflüssigen, braunen Sirup vermischt, der dann in die Flaschen auf dem Förderband gefüllt wird. Anschließend wird mit Kohlensäure angereichertes Wasser zugesetzt, die Flaschen verschlossen, während ein Flaschenwender für kräftige Durchmischung sorgt. So berichtet es das städtische Magazin „Das neue Mainz" im September-Heft 1954.

Das Werk Mainz produziert damals mit 45 Mitarbeitern, die alle am Umsatz beteiligt sind, täglich 2000 Kasten mit 40.000 Flaschen, die von zwanzig gelb-roten Lkw in ganz Rheinhessen ausgeliefert werden.

Gebäude der Golden Ross Kaserne am Rheingauwall, wo das Goldene Ross nach seinem Umzug von der Großen Bleiche auf einem der Seitengebäude steht.

Die Hochstraße in den 80ern. Noch ist sie eine wichtige Verkehrsachse.

215 Hochstraße

Hoch hinaus und hart gelandet

52 Jahre ist für ein modernes Bauwerk eigentlich kein Alter, auch nicht für eine Brücke. Könnte man meinen. Aber rund um Mainz und Wiesbaden macht eine Brücke nach der anderen die Grätsche. Die alte Schiersteiner knickt 2015 ein, als gerade die neue im Entstehen ist, seit Ende 2017 wird das Autobahnkreuz Mainz neu gebaut, die Salzbachtalbrücke im Zuge der A66 verabschiedet sich im Juni 2021 endgültig und einen Monat später legt Mainz die Hochstraße zwischen Mombacher Straße und Industriegebiet für immer still. Während aber den meisten Brücken, die in den letzten Jahrzehnten enorm angestiegene Belastung den finalen Garaus macht, ist die Hochstraße schlicht eine Fehlkonstruktion.

Die Hochstraße ist ein Überführungsbauwerk, das kreuzungsfrei andere Verkehrswege quert, ist als solches aber nur ein erster Abschnitt einer größeren Konzeption – der Mainzer Innenstadttangente. Und auch die ist wiederum nur Teil einer noch umfassenderen Idee, die Ende der 50er-Jahre entsteht, die Mainzer Verkehrsprobleme lösen und gleichzeitig die überörtlichen Ströme lenken soll.

Auch wenn das Wirtschaftswunder 1950 gerade für Mainz noch weit entfernt ist, steigt Jahr für Jahr der Verkehr. 1948 gibt es in Stadt und Kreis erst 6000 Fahrzeuge, aber schon 1953 liegt die Zahl allein in Mainz mit 11000 deutlich über jener von 1939. Jeder neunte Mainzer besitzt ein Fahrzeug, auf jeden 23.

Frank Ostendorf ist mit seinem Fiat 500 von 1968 im Juli 2021 der letzte der über die Brucke darf.

Einwohner kommt ein Pkw, auf jeden 28. ein Motorrad.
Zugelassen sind in Mainz in jenem Jahr: 4322 Pkw, 3521 Motorräder, 2088 Lkw, 51 Omnibusse, 72 Sonderfahrzeuge, 103 Zugmaschinen und 749 Anhänger, dazu kommen noch 322 Fahrzeuge der Bundesbahn hinzu.

Die Faustregel: Je mehr Kraftfahrzeuge, desto größer der Aufschwung. Die Lastenesel vom kleinen Tempo-Dreirad von Heidfeld und Lipp in Kastel bis zum großen Magirus-Rundhauber S 7500 von Stumpf in der Oberen Austraße schleppen Wirtschaftsgüter und Baustoffe, während die Pkw vom Fulda-Mobil über Kabi-

Seit 20 Jahren
Generalvertretung
Tempo-Kretzschmar
Mainz
Raimundistr. 4 Ruf 7-892
An der Christuskirche

Autowerbung aus den frühen 50er-Jahren. Bald schon können sich immer mehr Menschen ein Auto leisten, die Kehrseite der Medaille sind aber verstopfte Städte.

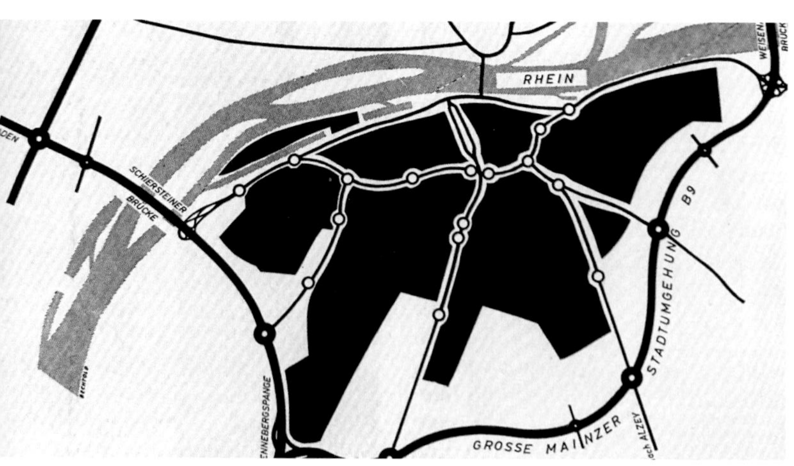

Die Karte zeigt außen den Mainzer Ring, dann die Zufahrtsstraßen nach Mainz sowie die Innenstadttangente, die von der Schiersteiner Brücke, am Industriegebiet vorbei über die Hochstraße führt und dann eng an der City entlang und weiter bis zur Weisenauer Brücke.

nenroller und Käfer bis zu Rekord, Taunus und Ponton-Mercedes Zeichen aufkommenden Wohlstands zeigen.
Die Kehrseite der Medaille: Der Verkehr verstopft die Stadt, vor allem der Durchgangs- und Fernverkehr, weil Mainz mit der Straßenbrücke, heute Heuss-Brücke, den einzigen Rheinübergang zwischen Koblenz und Worms besitzt. Also erdenkt man ein großes Straßensystem, das Mainz entlasten soll: Es besteht aus einem äußeren Halbring, der den Verkehr aus Rheinhessen und den Fernverkehr aufnehmen und über zwei Brücken an Mainz vorbei über den Rhein leiten soll (heute Mainzer Ring) sowie einem inneren Halbring. Er soll an der Innenstadt entlang Schiersteiner- und Weisenauer Brücke verbinden.
Schon am 31. Mai 1960 genehmigt der Stadtrat den Bau dieser Innenstadttangente, von dem die 1,5 Kilometer lange Hochstraße von Mombach zur Mombacher Straße und das Brückenbauwerk an der Binger Straße realisiert wird. Von dem, was dann kommen soll, kündet heute noch ein vierspuriger Betonstumpf, der in üppig wuchernden Gebüschen endet.
Denn wo die Parkanlagen am Römerwall beginnen, soll ein Schnellstraßen-Kleeblatt entstehen: ein wahnwitziges Knäuel kreuzungsfreier Auf- und Abfahrten, mit Überleitungen und Überwerfungsbauwerken zwischen Binger Straße, Linsenberg und Alicenstraße, das Grünanlagen, Häuser und einen Sportplatz begraben würde. Die Straße soll bis Höhe Pulverturm in einem Tunnel verlaufen, dann geht es vierspurig den Eisgrubweg hinunter zu einem großen Straßenknoten, weiter zum Winterhafen und auf Stelzen am Weisenauer Rheinufer entlang. „Eng angeschmiegt an die Altstadt", heißt es süßlich in einem städtischen Text, der jubelt: „Kreuzungsfrei ist Ehrensache!"
Über die Hochstraße heißt es: „Sie hebt sich von der Zufahrtstraße zur Schiersteiner Brücke hoch, überquert in kühnem Schwung eine Straße und zwei Bahnlinien und senkt sich am ehemaligen Mombacher Tor wieder auf Straßenniveau." Bis zu 14 Meter ist das Bauwerk hoch, dessen Fahrbahn auf 25 Stützenpaaren und zwölf Stützen in Y-Form liegt und manchen Autor damals ins Schwärmen geraten lässt über kühne Pläne und eine „Schlange aus Beton und Stahl", getragen von „Y-Trägern mit Betonarmen wie zyklopenhafte Wesen".
1965 beginnt der Bau der drei Millionen D-Mark teuren Brücke und ein Jahr später das Betonieren des Überbaus aus Beton-Hohlkästen. Ein Vorschubgerüst wird eingesetzt, und „wie eine Spinne am selbstgesponnenen Faden hangelt es sich von einem fertigbetonierten Feld zum anderen weiter", so eine zeitgenössische Beschreibung.
1969 wird die Hochstraße eingeweiht, Anfang der 70er ist auch die Brücke über die Binger Straße hinterm Bahnhof fertig, aber dann ist Schluss. Aus Geldmangel und wegen einer geänderten Verkehrspolitik. Zum Glück. Auch, weil die geplanten Straßenbauwerke heute wohl so marode wären wie die Hochstraße.
Für viele Autofahrer ist das Überführungsbauwerk Jahrzehnte ein bequemer Weg, weshalb der Schreck groß ist, als 2012 klar wird, dass sie sich auf Dauer einen anderen suchen müssen. Denn der Zustand verschlechtert sich über die Jahre. Gibt es 1988 im Brückengutachten noch ein „Gut", ist er 2005 lediglich „noch gut". Und bei der Hauptprüfung 2012 gibt es auf der Skala von 1 bis 4 nur noch eine 3,5 – ein Ungenügend.

Die Hochstraße im Bau um 1967, im Hintergrund der einst größte Gaskessel Europas.

Das Hauptproblem ist der in Beton verpackte Spannstahl, in den 60ern für kurze Zeit der Clou im Brückenbau, der aber im Alter zu „Spontanbruch nach Spannungsrisskorrosion" neigt und kein „ausreichendes Ankündigungsverhalten" zeigt, so die Gutachten. Das heißt: Ein drohender Einsturz kann trotz engmaschiger Kontrollen nicht vorhergesagt werden, also muss jede Belastung vermieden, sie für jeglichen Verkehr gesperrt werden.

Das löst in Mainz heftige Debatten aus mit schweren Vorwürfen gegen die Stadt, die alles verrotten lasse – und das ist noch die harmloseste Formulierung, andere Kommentare in den sozialen Netzwerken arten in Beleidigungen gegen die Verwaltung und ihre Mitarbeiter aus. Was übersehen wird: Der in Beton verpackte Spannstahl hat die Instandhaltung im Inneren unmöglich gemacht und lässt eine umfassende Sanierung einem Neubau gleichkommen. Ähnlich wie bei der Hochstraße in Ludwigshafen, die auch als unsanierbar abgerissen werden muss. Aber im Internet kümmern Fakten nicht, da reicht eine feste Meinung.

Eine Sanierung wäre also unsäglich teuer, bei gleichzeitig seit zehn Jahren zurückgehender Nutzung. 2016 wird eine Nutzungsdauer bis 2020 angesetzt und bald darauf die Brücke für Fahrzeuge über 7,5 Tonnen gesperrt. Nötige Reparaturen werden erledigt, aber auch der optische Zustand verschlimmert sich immer mehr. Keine Fahrbahnmarkierungen, Schlaglöcher, angenagter Beton – ein bisschen wie DDR-Transit 1975.

Bereits 2015 wird eine Simulation mit einer Verkehrsführung bei Brückensperrung über das normale Straßennetz durchgeführt. Das Ergebnis zeigt, dass die Kapazitäten für den zusätzlichen Verkehr ausreichend sind, wenn entsprechende Knotenpunkte ausgebaut werden. Dennoch sind die Befürchtungen groß, als im Juli 2021 die Brücke endgültig geschlossen wird und als letzter Autofahrer Frank Ostendorf mit seinem 18-PS-Fiat 500 von 1968 über die Hochstraße knattert.

Das befürchtete Chaos auf Ebene Null tritt nicht ein, von kleineren Staus im abendlichen Heimwegverkehr im Winter abgesehen. Wenn einmal der Rückbau beginnt, wird es massive Sperrungen geben. Der Zeitpunkt steht noch nicht fest, bei den Kosten geht man vom unteren zweistelligen Millionenbereich aus. Kleiner Trost: Zwischenzeitlich weiß man dank Biontech wenigstens, woher das Geld kommt.

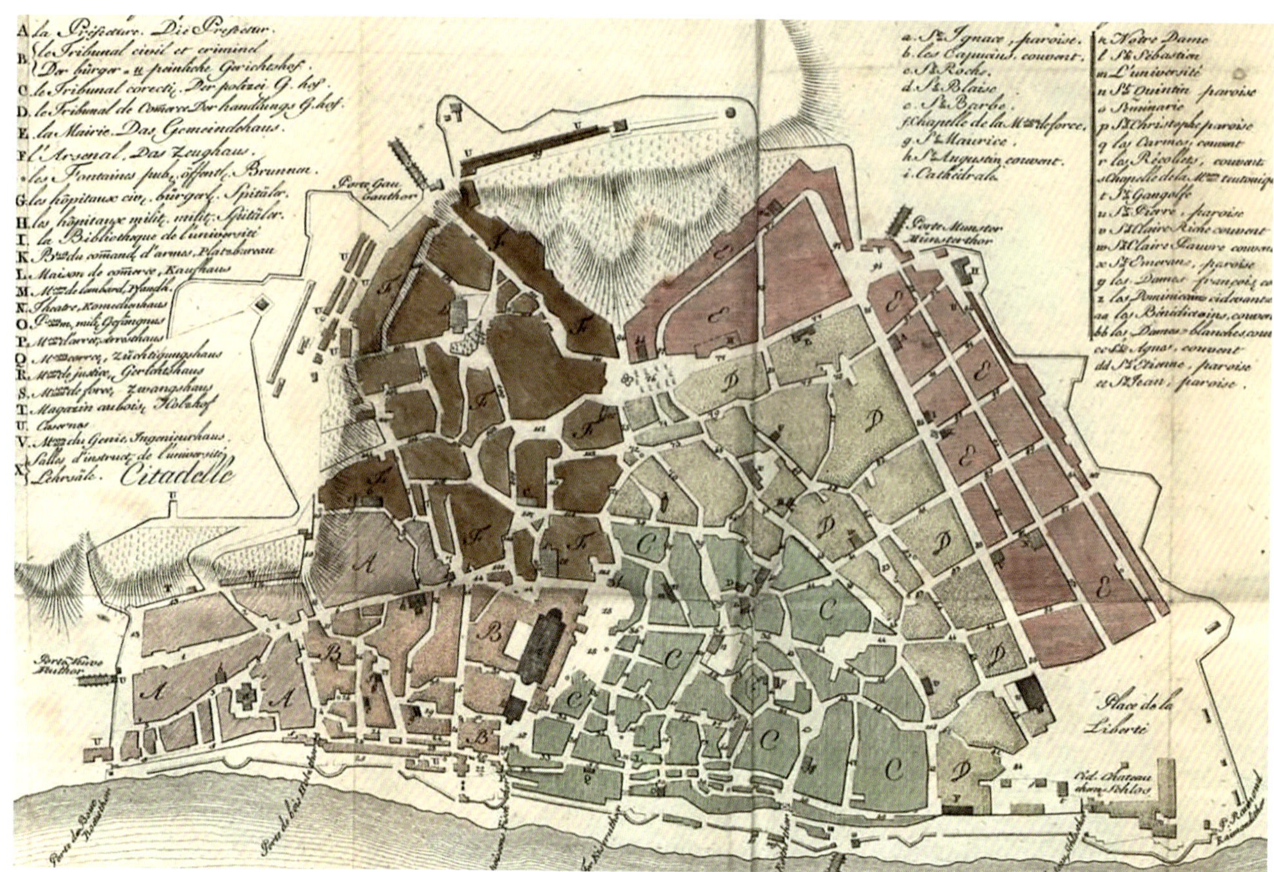

Stadtplan aus dem ersten Adressbuch, dem Wegweiser von 1800. Großbuchstaben benennen die Viertel.

216 Vom Reiz alter Adressbücher

Über hundert Ausgaben zwischen 1800 und 2018

Wer Adressbücher sammelt, der darf sich in aller Regel milden Spotts gewiss sein. „Oh, spannend", heißt es dann oder „super Story, aber 'n bisschen viele Personen ...". Aber wer sich für die Geschichte der Stadt interessiert, der sieht das naturgemäß etwas anders, denn es gibt keinen besseren, allgemein zugänglichen Daten-Fundus über eine Dauer von mehr als 200 Jahren.

2018/19 gibt es das vorerst letzte Mainzer Adressbuch, das allererste erscheint 1800 und trägt den französischen Titel „Le guide de la ville de Mayence contenant la dénomination se ses six sections, rues, maisons et de leurs numéros, ainsi qué des habitans avec leurs qualités, états, professions ou métiers" – „Der Wegweiser der Stadt und Gemeinde Mainz mit Benennung ihrer Abtheilungen, der Straßen, der Häuser und ihrer Nummern als auch derselben Einwohner und ihrer Berufe und Gewerbe". Herausgegeben wird das zweisprachige Werk von Präfektur-Buchdrucker K.F. Pfeiffer.

393 Seiten stark in Taschenbuchgröße ist diese Bestandsaufnahme, doch ist das Verzeichnis durch das komplizierte System der Hausnummern schwer zu handhaben. Denn Mainz ist in die Sectionen A - F aufgeteilt, in denen jeweils die Häuser durchnummeriert sind, unabhängig davon, in welcher Gasse oder Straße das

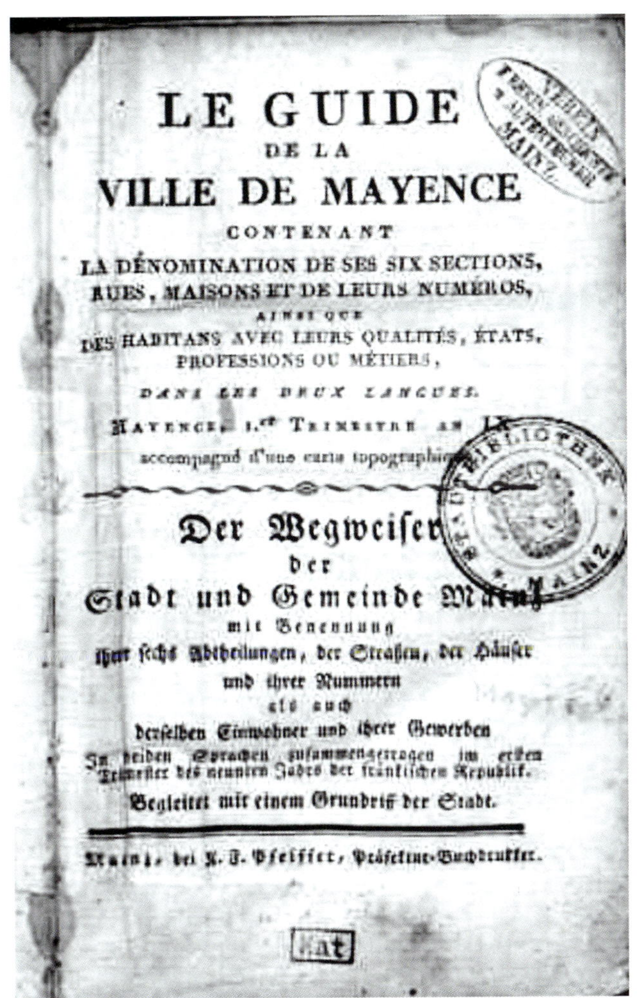

LE GUIDE
DE LA
VILLE DE MAYENCE
CONTENANT
LA DÉNOMINATION DE SES SIX SECTIONS,
RUES, MAISONS ET DE LEURS NUMÉROS,
AINSI QUE
DES HABITANS AVEC LEURS QUALITÉS, ÉTATS,
PROFESSIONS OU MÉTIERS,
DANS LES DEUX LANGUES.
MAYENCE, 1.er TRIMESTRE AN IX
accompagné d'une carte topographique.

Der Wegweiser
der
Stadt und Gemeinde Mainz
mit Benennung
ihrer sechs Abtheilungen, der Straßen, der Häuser
und ihrer Nummern
als auch
derselben Einwohner und ihrer Gewerben
In beiden Sprachen zusammengetragen im ersten
Trimester des neunten Jahrs der fränkischen Republik.
Begleitet mit einem Grundriß der Stadt.

Mainz, bei A. F. Pfeiffer, Präfektur-Buchdrucker.

F 137

F

Köstrich. / Ruë dite Kostrich.

32. Ros. Pfeifferin u. Apoll. Weismantelin, Wäscherin, blanchisseuses.

33. Friedr. Bonn, Markedenter, vivandier. – Marg. Arnoldin, Wäscherin, blanchisseuse.

34. Michael Landner, Lumpenhändler, chitonier. – Clara Deckritzin, Näherin, couturière. – Maria Landnerin, Jul. Guntherin u. Elis. Losin, Wäscherin, blanchisseuses. – Walb. Stumpfin, Strikkerin, tricoteuse. – Clara Dannerin, Spinnerin, fileuse. – Nicol. Hartmann, Schuhflikker, savetier.

Am Gauthor. / Près la porte Gau.

35. Clara Fischerin, Wäscherin, blanchisseuse.

36. Bierhaus zum Trauben, brasserie au raisin. Stephan Gerhardi.

37. Franz Antes, Gastwirth zum rothen Haus, aubergiste à la maison rouge.

Weißgasse. / Ruë blanche.

38. Joachim Malier, Markedenter, vivandier. – Christoph Fœf, Flikschneider, tailleur rapetasseur.

39. Jacob Corneli u. Marcus Kaiser, Flikschneider, tailleurs rapetasseurs. – Marg. Martini u. Ursula Ilgerin, Wäscherin, blanchisseuses.

Kleine Weißgasse. / Ruë blanche traversière.

40. Joh. B. Bonaston, particulier. – Mich. Hauck, Glökner, marguiller. – Casp. Schneider, Stephansthürmer, garde de la tour de st. Etienne.

41. Peter Scheppler, Weingärtner, vigneron.

42. Caspar Kopp, Schuhmacher, cordonnier.

43. Joseph Vogelmann, chanoine.

44. –

S

Der Wegweiser von 1800: Die Hausnummer bezieht sich auf das Viertel, nicht auf die Straße. Das wurde ab den 1850ern in das heutige System geändert.

Haus steht. So liegen in der Section A, ein Teil der südlichen Altstadt, die Häuser 1 bis 4 in der Hundsgasse (Neutorstraße), die Häuser 5 und 6 Auf dem Graben, Nr. 7 bis 50 in der Kapuzinergasse und so weiter, und erst Haus Nr. 112 gehört wieder zur Hundsgasse. Es dauert bis zum Adressbuch 1856/57, bis die Straßen durchlaufende Hausnummern erhalten.

Das Adressbuch besteht von Anfang an aus mehreren Abschnitten: Die wichtigsten sind der Einwohnerteil in alphabetischer Reihenfolge und der Straßenteil, bei dem Straße für Straße, Haus für Haus die Bewohner aufgeführt sind. Bis in die 50er-Jahre mit Angabe des Stockwerks, bis 1973 mit Beruf. Dazu gibt es noch Abschnitte mit Behörden, Vereinen und Gewerbe nach Branchen, wobei die Systematik sich öfter mal ändert.

Sehr schön ist gerade in den Ausgaben ab dem Ende des 19. Jahrhunderts auch die Werbung, die auf monochromem, meist rosa Papier gedruckt und oft schön gestaltet ist. Ab und an finden sich auch aufwändig in Sonderfarben wie Silber und Gold gestaltete Annoncen von hohem grafischem Anspruch.

Die Inserate präsentieren Geschäftshäuser und Produkte, manchmal auch nur Schriftzüge, aber interessant ist dieser Blick in die untergegangene Geschäftswelt allemal. Denn es finden sich auch zahlreiche Branchen, die es heute schon lange nicht mehr gibt.

Wer ein bisschen tiefer in die Strukturen ein-

Blick vom Dom auf den Brand, die Schiffsbrücke und die Schiffsmühlen aus dem Jahr 1870, als dieser Wegweiser erscheint.

Werbung aus Adressbüchern vor dem 1. Weltkrieg.

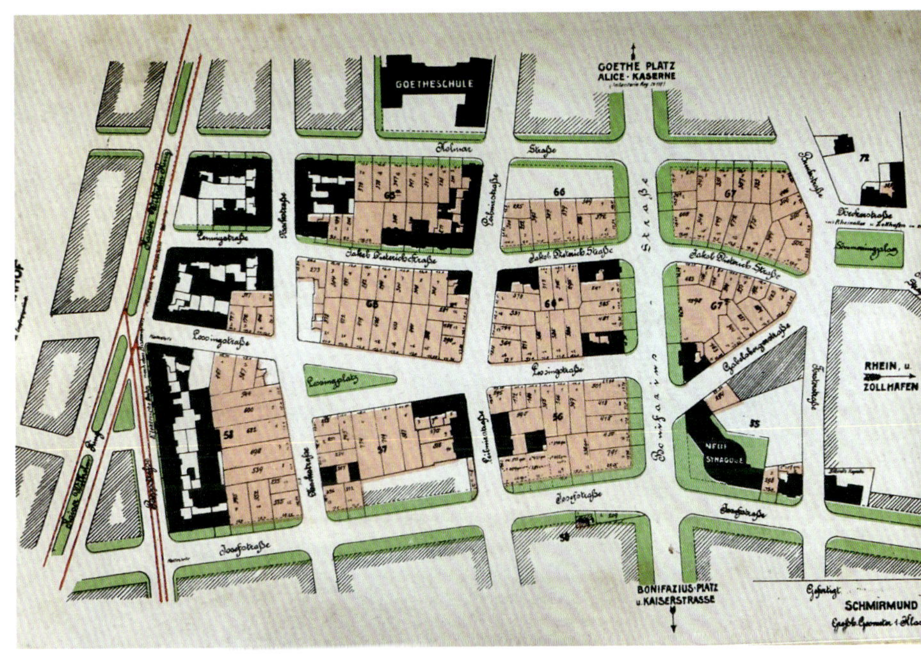

Aus dem Adressbuch 1914 stammt dieser Plan der neuen Baugrundstücke auf dem Gelände der ehemaligen Lederfabrik, die einst von der Kolmar- zur Josefsstraße und von der Nackstraße zum Sömmerringplatz reicht.

tauchen will, der kann aus Adressbüchern die Entwicklung der Stadt ablesen, etwa, wie die Neustadt nur langsam nach Norden wächst. Die Entwicklungslinien sind gut erkennbar, die weiten, nicht erschlossenen Gebiete, Straßen wie die Hindenburg und die Leibniz, die bis 1920 nicht mal zur Hälfte bebaut sind.

So lassen sich im Großen und Ganzen vier Schritte der Neustadtentwicklung festhalten: bis 1900 geschlossene Bebauung nur bis Josefstraße (ausgenommen KW-Ring, Barbarossa-Ring, Rheinallee), 1914 bis Sömmerringplatz/Neckarstraße, bis Ende 30er-Jahre erste Entwicklungen jenseits der Goethestraße, erst nach dem 2. Weltkrieg flächige Bebauung der nördlichen Neustadt.

Andere Örtlichkeiten wie die diagonal zwischen Kreyßig- und Mozartstraße geplanten Beethovenstraße und -platz stehen lange im Adressbuch, firmieren aber unter „unbewohnt". Und das bleibt auch so, denn dieser Teil der Neustadt wird in der geplanten Form nie vollendet, erst in den letzten Jahren entsteht dort mit dem Karoline-Stern-Platz als Mittelpunkt ein neues Viertel, pardon: Quartier, wie es im hippen Sprech der selbsternannten urbanen Eliten nun heißt. Der Begriff Viertel klingt für sie ja viel zu altbacken …

1942 erscheint das letzte Adressbuch vor der Vernichtung der Stadt, erst 1949 dann das nächste. Allerdings traurig dünn, was das Ausmaß der Zerstörung verdeutlicht, vor allem aber den Verlust von Zehntausenden Einwohnern: ermordet, gefallen, von Bomben getötet oder nach der Zerstörung ihrer Wohnungen und Häuser aufs Land geflüchtet. Gegenüber den Adressbüchern der frühen 30er fehlen auch die Namen von Hunderten jüdischen Familien, die ins Exil gegangen sind oder von von den Nazis ermordet werden.

Erst beim Adressbuch 1952 findet sich wieder ein Straßenverzeichnis, das dann Straße für Straße das Bild der Vernichtung zeigt. Man belässt es nicht dabei, die noch existierenden Häuser aufzuführen, sondern notiert jedes vernichtete Gebäude, ob Ruine oder schon ab-

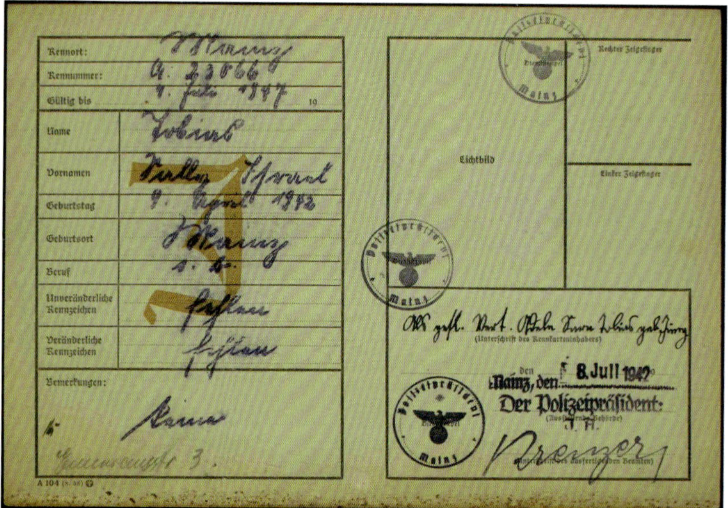

Kennort:
Kennnummer:
Gültig bis
Name: Tobias
Vornamen:
Geburtstag:
Geburtsort:
Beruf
Unveränderliche Kennzeichen
Veränderliche Kennzeichen
Bemerkungen:
Lichtbild
Rechter Zeigefinger
Linker Zeigefinger
(Unterschrift des Kennkarteninhabers)
Mainz, den 8. Juli 1942
Der Polizeipräsident
A 104

Im Erscheinungsjahr des letzten Mainzer Adressbuchs der NS-Zeit beginnen die großen Judendeportationen, hier die Kennkarte des jüngsten Opfers Sally Tobias, der im September mit nicht einmal fünf Monaten ermordet wird. Im August gibt es beim ersten großen Angriff schwere Schäden, hier in der Diether-von-Isenburg-Straße.

geräumt, als „zerstört" oder „Trümmergrundstück" auf. Noch im Adressbuch 1954 werden in der Leibnizstraße die Nummern 1,2, 4, 8, 10 1/10, 11, 17, 19, 21, 23, 25, 26, 27, 29, 32 1/10, 41, 56, 63, 65, 72 als zerstört aufgeführt, was zeigt, wie schleppend der Aufbau vorangeht. Am Kaiser-Wilhelm-Ring das gleiche schreckliche Bild: Noch Mitte der 50er-Jahre 36 zerstörte Gebäude.

Wenn man die Straßen nun in den darauffolgenden Adressbüchern betrachtet, sieht man, dass peu à peu auf den zuvor als zerstört geführten Nummern neue Häuser entstehen. Verfolgt man dies über mehrere Ausgaben, kann man Maß und Tempo des Wiederaufbaus ablesen.

Ebenso, zumindest bis in die 1950er, zeigt sich die soziale Gliederung von Vierteln, Straßenzügen und den einzelnen Häusern. Denn solange werden auch die Berufe der Hausbewohner aufgeführt und das Stockwerk, in dem sie leben. Vorm 1. Weltkrieg ist der Blick in die sozialen Verhältnisse am klarsten, während die Notzeit danach, die zwischenzeitliche Verarmung höherer Schichten, vieles, vor allem in der Neustadt, ins Rutschen bringen. Erst recht die Folgen des 2. Weltkriegs.

Dass es sogenannte „bessere" Straßen gibt, in denen vor allem Mediziner, Juristen, Kaufleute, höhere Beamte und Militärs ab Major aufwärts leben, versteht sich. Interessant ist aber auch die

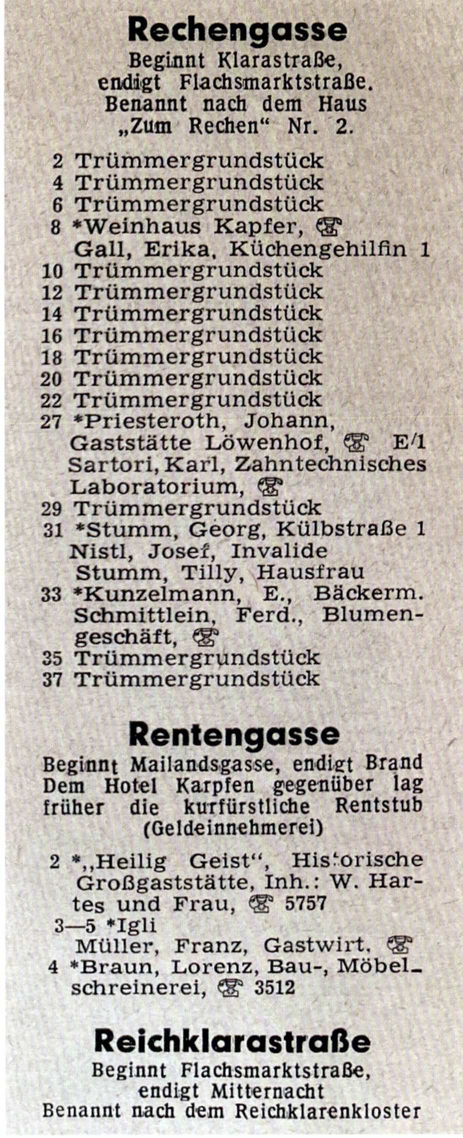

Rechengasse
Beginnt Klarastraße, endigt Flachsmarktstraße. Benannt nach dem Haus „Zum Rechen“ Nr. 2.

2 Trümmergrundstück
4 Trümmergrundstück
6 Trümmergrundstück
8 *Weinhaus Kapfer, ☏
Gall, Erika, Küchengehilfin 1
10 Trümmergrundstück
12 Trümmergrundstück
14 Trümmergrundstück
16 Trümmergrundstück
18 Trümmergrundstück
20 Trümmergrundstück
22 Trümmergrundstück
27 *Priesteroth, Johann, Gaststätte Löwenhof, ☏ E/1
Sartori, Karl, Zahntechnisches Laboratorium, ☏
29 Trümmergrundstück
31 *Stumm, Georg, Külbstraße 1
Nistl, Josef, Invalide
Stumm, Tilly, Hausfrau
33 *Kunzelmann, E., Bäckerm.
Schmittlein, Ferd., Blumengeschäft, ☏
35 Trümmergrundstück
37 Trümmergrundstück

Rentengasse
Beginnt Mailandsgasse, endigt Brand. Dem Hotel Karpfen gegenüber lag früher die kurfürstliche Rentstub (Geldeinnehmerei)

2 *„Heilig Geist“, Historische Großgaststätte, Inh.: W. Hartes und Frau, ☏ 5757
3—5 *Igli
Müller, Franz, Gastwirt, ☏
4 *Braun, Lorenz, Bau-, Möbelschreinerei, ☏ 3512

Reichklarastraße
Beginnt Flachsmarktstraße, endigt Mitternacht
Benannt nach dem Reichklarenkloster

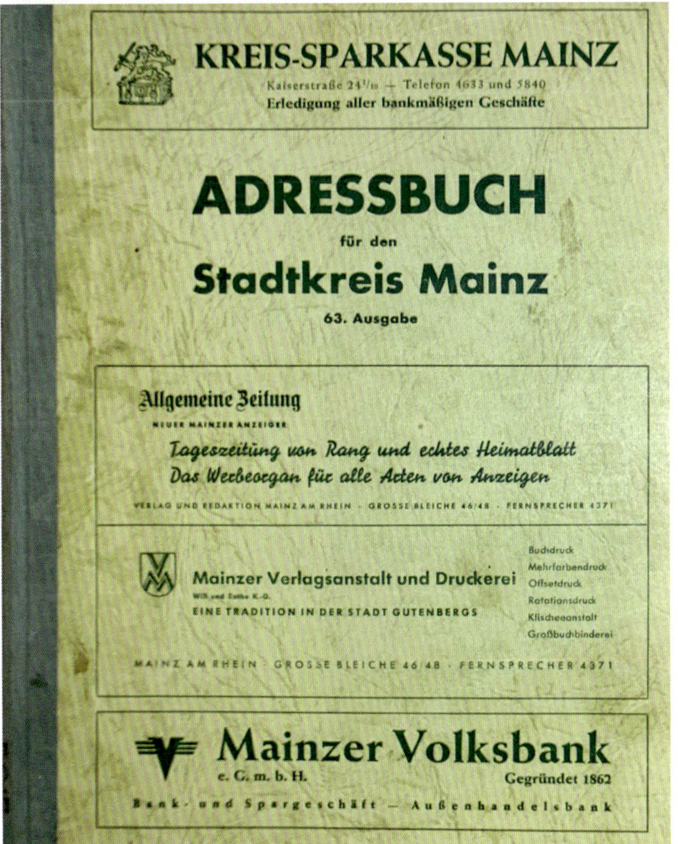

Das Farbfoto der heute nicht mehr existierenden Rechengasse von Mitte der 50er bestätigt den Auszug aus dem Adressbuch 1954, bei dem sich Trümmergrundstück an Trümmergrundstück reiht.

soziale Gliederung in manchen Häusern selbst, gerade in der Neustadt: Im Erdgeschoss ein Laden oder ein gehobener Beruf, im ersten Stock, der Beletage, oft der Hausbesitzer, darüber Ingenieur oder Oberlehrer, im dritten Stock ein Postschaffner, ein Handwerker und im Dachgeschoss Zugehfrau, Dienstbote oder Tagelöhner.

Das Ganze lässt sich, wenn das Haus erhalten ist, auch an der Fassade ablesen. Der schönste Bauschmuck mit giebelbedachten Fenstern, vielleicht einer Mittelbetonung in Form eines Austritts mit geschmiedeter Brüstung, findet sich in der Beletage, während die Verzierungen in den oberen Etagen, wo die ein-

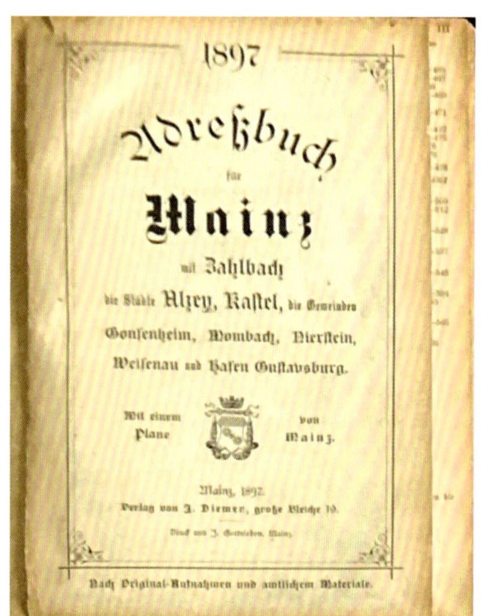

Zwischen 1897 (l.o.) und 1934 (r.u.) werden die Adressbücher großformatiger und dicker.

facheren Leute wohnen, bis hin zur Schmucklosigkeit abnehmen.
Bekannte Namen findet man in Adressbüchern: Die Familie Adlon etwa, die Reilings, also die Eltern von Anna Seghers, Zuckmayer, dann die vielen jüdischen Mainzer und Mainzerinnen wie Eugen Salomon, die dann plötzlich nicht mehr aufgeführt sind.
Schockierend gerade in diesem Zusammenhang, dass im Adressbuch 1954 unter Wallstraße 45 die Firma Feuerungs- und Ofenbau, Topf und Söhne, auftaucht. Geführt wird sie von Ernst-Wolfgang Topf, der mit seinem Bruder Ludwig die Öfen für die Gaskammern von Auschwitz I und II, Buchenwald, Groß-Rosen, Dachau und Mauthausen gebaut hat. Ernst-Wolfgang geht 1954 nach Mainz, wo die Firma bis 1962 existiert.
Auch nüchterne Zahlen erzählen viel über das Leben in der Stadt. 72 Bauunternehmen kün-

1948/49 erscheint das erste Nachkriegsadressbuch. Ab dieser Ausgabe bleibt die Größe der Adressbücher gleich, die aber ab Mitte der 60er bis auf wenige Ausnahmen (r.u. 1973) mit blauem Einband erscheinen.

den 1954 vom Wiederaufbau, 287 Lebensmittel-Einzelhändler vom netten Kaufmann an der Ecke, und die 161 Bäckereien verströmen aus den angegilbten Seiten den Duft von Backstube und frischem Brot. Ditsch findet sich da in der Kapuzinerstraße 38, und Vetter dort, wo er immer noch ist: in der Jakobsberger 4.

Fast 170 Firmen haben Mitte der 50er-Jahre mit Wein zu tun. Als Fassproduzenten, Weinhändler, Produzenten von Kellereimaschinen und Korkstopfen oder als Kommissionäre und Wein-Transporteure machen sie Mainz zu einer Stadt des Weins, während heute, da die Stadt sich zu einer Great Wine Capital aufgeschwungen hat, kaum noch Einträge zu finden sind. Der Lauf der Dinge, das Leben der Stadt … die bislang mehr als 100 Bücher laden ein zum Spaziergang durch die Jahrhunderte, durch die Straßen und Gassen des alten Mainz.

Michael Bermeitinger

Der Autor dieses Buches wurde 1960 in Lörrach/Baden geboren, wuchs in Bonn auf und lebt seit 1974 in Mainz. Seit 1988 Redakteur der Allgemeinen Zeitung, ist er ab 2012 in der Lokalredaktion Mainz tätig, für die Bermeitinger unter anderem über die jüngere Geschichte der Stadt Mainz schreibt. Themen sind hierbei nicht die großen historischen Linien, sondern der Alltag der Menschen, die städtebauliche, architektonische und verkehrliche Entwicklung der Stadt. Im Magazin „Unsere Geschichte" der VRM beleuchtete er in einzelnen Ausgaben unter anderem die 1930er, 1950er, 1960er und 1970er Jahre in Mainz. – In den letzten Jahren hat Bermeitinger eine umfangreiche Sammlung Tausender alter Fotos und Ansichtskarten aufgebaut, die ergänzt wird durch Dokumente, die von Kofferaufklebern, Firmenbriefen und Speisekarten über Straßenbahnfahrpläne, alte Werbung und Lebensmittelkarten bis hin zu Fahrkarten und Fastnachtsprogrammen reicht. Quelle sind in aller Regel Internetauktionshäuser wie Ebay, aber auch der Johannis-Büchermarkt oder die Bücherstände beim Zitadellenfest. Die Idee zu den Stadtspaziergängen ist über Jahre gewachsen. Der Gedanke dabei war, dass Geschichte und Geschichten nicht immer nur ereignisbezogen zu Jahrestagen erzählt werden sollten, sondern aus der Perspektive des Alltags und der Stadtviertel. Was lag also näher, als Straße für Straße durch die Stadt zu spazieren und von all den großen und kleinen Ereignisse zu erzählen, von den besten Zeiten wie auch den dunklen Jahren. Mainz kann so schön sein, aber es hat auch Ecken, die wie eine einzige Narbe wirken. Zu verstehen, warum das so ist, dabei sollen die Stadtspaziergänge helfen, die seit September 2018 mit kurzen Unterbrechungen immer montags erscheinen.

Im November 2023 wird der Autor gleich zwei Mal für die „Stadtspaziergänge" ausgezeichnet. Mit dem „Mainzer Medienpreis" und mit dem „Deutschen Preis für Denkmalschutz - Medienpreis" des Deutschen Nationalkomitees für Denkmalschutz.

Literatur (Auswahl):

Balzer, Wolfgang: Eine Stadt und ihr Militär, 25 Bde.
Brüchert / Knigge-Teschee: Der Neue jüdische Friedhof in Mainz, Mainz 2013
Büllesbach/Brauch: Festungsstadt Mainz, München 2018
Cohen/Frank/Ziegler: Ein neues Mainz? Berlin 2019
Dumont/Schütz/Scherf: Mainz. Die Geschichte der Stadt, Mainz 1998
Heuser, Rita: Namen der Mainzer Straßen und Örtlichkeiten, Stuttgart 2008
Leiwig, Heinz: Mainz 1933-1948, Mainz 1987
Leiwig, Heinz: Bomben auf Mainz, Mainz 1995
Neise, Harald: Mainz und seine Straßenbahn, Stuttgart/Mainz 1983
Röhrig, Reinhold: Die Mainzer Spitäler und Krankenhäuser
Schumacher/Wegner: Kulturdenkmäler in Rheinland-Pfalz, Band 2.1: Mainz Stadterweiterung
75 Jahre Johannes Gutenberg-Universität Mainz, Regensburg 2021
100 Jahre 1. FSV Mainz 05, Mainz 2005
Adressbücher: diverse Jahrgänge seit 1800
Reiseführer Baedeker, Woerl, Grieben, verschiedene Jahrgänge
Mainzer Anzeiger / Allgemeine Zeitung, verschiedene Jahrgänge
Mainz Vierteljahreshefte für Kultur, Politik, Wirtschaft, Geschichte ab 1981
Das neue Mainz, Städtisches Presseamt: 1953-1973
Mainz-Magazin: 1974-1975
Unsere Geschichte, Hefte 1-6, VRM, Mainz 2015-2018
Die Elektrisch, diverse Jahrgänge